커피비경 咖排秘境

신의 커피를 맛볼 수 있는 전국 22개 로스팅 하우스

# 커<sub>棚</sub> 피<sub>排</sub> 비<sub>秘</sub> 경<sub>境</sub>

양선희·글  원종경·사진

목차

### 1부
### 커피, 꿈을 볶다

그곳에 가면 누구나 히피를 꿈꾸게 된다
**히피커피** 8

자연의 숨결이 묻어나는 커피 한 잔
**레드브라운** 24

커피, 음악과 만나 목소리를 찾다
**아띠** 38

행복한 미소가 머무는 커피 공간
**매화마름** 58

맛에 대한 진실한 탐구가 가득한 커피 공간
**바리스타 컴퍼니** 76

삶의 파도에서 한 발짝 물러서다
**쉼** 92

커피와의 연애를 충동질하는 곳
**커피 마시는 고래** 108

꿈과 약속이 자라는 커피 공간
**마이 브라운 노트** 124


### 2부
### 커피, 추억을 끓이다

시간을 잃어버리고 안식을 얻다
**시실리아** 144

여수 밤바다, 그리고 커피
**달콤** 162

얼굴을 보면 커피가 나온다
**커피 플레이스** 180

'오늘의 커피'는 없고 '나만의 커피'는 있다
까사오로 198

'오늘'을 '오래된 미래'로 만드는 곳
커피 볶는 집 커피 린 212

날것 그대로의 커피가 꿈틀대는 곳
인디고 228

나를 놓아서 나를 찾는다
쌍리 248

3부
커피, 삶의 향기를 품다

香
향

한 잔의 커피가 생명수가 되다
마루 272

자연, 사람, 커피, 하나의 영혼이 되다
커피발전소 엘오지 294

커피의 매력이 꽃피는 비밀의 화원
인 마이 메모리 312

커피에서 '환희의 송가'가 들린다
루드비히 커피 하우스 328

다 마신 커피잔 속에 내 삶의 무늬가 보이다
퀼트 344

커피가 인연을, 인연이 커피를 부르는 곳
잼있는 커피 티울 360

봉인된 영혼을 깨우는 커피가 기다린다
커피포트 382

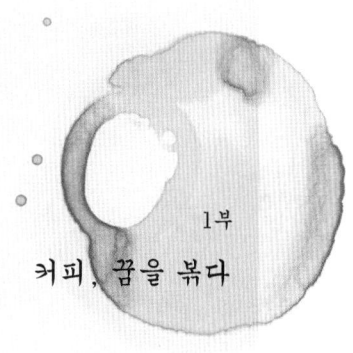

## 1부
# 커피, 꿈을 볶다

생두가 로스터에서 자신의 색깔을 찾아가듯,
꿈도 열정의 불꽃으로 형체를 찾는다.

그곳에 가면 누구나 히피를 꿈꾸게 된다

# 히피커피
Hippie Coffee

강원도 강릉시 강문동 304-5 | 남궁 연 | 033 644 9949

문이 열려 있다는 건,

환영한다는 것

"한 모금만!", "한 모금만!"

그 카페의 창가에 앉아 커피잔을 들고 수평선과 눈을 맞추면 카푸치노의 거품 같은 파도가 다가와서 옆구리를 간지럽히며 커피를 나눠 달라고 애원한다.

바다에게 한 모금 나눠 주고, 나 한 모금 마시고, 또 바다에게 한 모금 나눠 주고, 나 한 모금 마시고……. 어느새 커피잔이 썰물 때의 바다처럼 텅 비면 그 카페의 주인은 재빨리 다가와서 조용히 묻는다. 빈 잔에 커피를 밀물처럼 채워 주려고 말이다.

"커피 한 잔 더 드릴까요?"

물론 그 카페에서 덤으로 마시는 모든 커피는 공짜다.

"그럼 이번에는 모카 하라로 주시겠어요?"

"에티오피아의 꽃향기, 듬뿍 담아 드리겠습니다."

주인이 다시 핸드드립 커피를 만들러 주방으로 돌아가고 나면, 바다가 씨익 웃는다. 나도 바다를 따라 씨익 웃는다. 둘이 함께 웃다보면 나도 어느새 푸르디푸른 바다가 된다.

이 야박한 세상에 커피 인심이 좋은 그 카페에 가면 나는 꼭 창가에 앉는다.

그 창가의 벽은 바다처럼 파랗고, 세 개의 의자 역시 바다처럼 파랗다. 따뜻한 느낌이 없어 여느 카페에서는 선호하지 않는 색이 파랑이라고 한다. 그러나 그 통념을 깨고 실내에 파랑을 들여 놓은 그 카페는 옆구리에 바다를 끼고 있다.

그 카페의 이름은 '히피커피 Hippie Coffee'다.

조선시대 문인 송강 정철이 〈관동별곡〉에서 다섯 개의 달을 볼 수 있다고 노래한 곳, 경포대. 그곳에 그 카페가 있다. 하늘, 호수, 바다, 술잔, 내 님의 눈에 뜬 달을 볼 수 있다는 그 경포대에 말이다.

하지만 이제 경포대에 가면 여섯 개의 달을 볼 수 있다. '히피커피'의 커피잔 속에 뜬 달이 바로 여섯 번째 달이다. 커피잔 속에 여섯 번째 달을 뜨게 해 주는 사람은 바로 남궁 연 씨다. 그는 플라밍고와 투우가 있는 정열의 나라에 갔을 때 커피와 사랑에 빠졌다.

"강원도민일보 기자로 재직하던 시절이었어요. 스페인의 발렌시아 지방에서 열린 불꽃축제에 참석했을 때였죠. 거기 사람들은 1시부터 4시까지 시에스타 Siesta(스페인, 이탈리아, 그리스 등 지중해 연안 국가와 남아메리카, 즉 라틴 문화권의 나라에서 행해지고 있는 '오후 낮잠'을 일컫는 일종의 생활 풍습)를 즐기더라고요. 거의 모든 스페인 사람들이 달게 낮잠을 잘 때 저는 할 일이 없어 카페로 가곤 했어요. 그때마다 에스프레소 도피오 Espresso Doppio(한 잔을 만들 때 쓰는 원두보다 양을 두 배 많게 해서 추출하는 에스프레소)를 마셨어요. 에스프레소의 생명이자 에스프레소만이 줄 수 있는 황금빛 크레마의 그 고소하고 달콤한 맛에 길들여졌지요."

"결국 그때 마신 에스프레소가 인생의 터닝 포인트를 마련해 준 셈이네요?"

"그런 셈이지요. 귀국하자마자 커피를 잘 내리는 집들을 찾아다녔으니까요. 소문난 집들은 거의 다 찾아다녔어요. 그러다가 지금은 서울의 통인동에서 '광화문커피'를 운영하시는 이병학 선생님을 만났어요. 그분이 일명 '통돌이'라는 로스터를 쓰고 계셨는데, 그걸로 커피 볶는 게 재미있어 보였어요. 그래서 저도 한 대 구매를 해서 생두를 구해 볶기 시작했지요."

커피를 처음 볶기 시작한 사람들은 누구나 재미있는 일화를 가지고 있다. 남궁 연 씨도 마찬가지다. 아파트 베란다에서 커피를 볶는데 밖이 소란스러웠다. 알고 보니 창밖으로 새어나오는 연기를 본 이웃 주민이 화재가 난 줄 알고 관리사무소에 신고를 한 것이다.

잊지 못할 추억을 안겨 준 통돌이는 남궁 연 씨가 20년 동안이나 다니던 신문사를 그만 두게 만들었다. 20년의 세월을 미련 없이 정리하게 만든 큰 힘을 지닌 그 작은 통돌이가 물건 중의 물건인 셈이다.

"제가 알기로는 이병학 선생님이 강릉에 계실 때 히피커피를 하신 걸로 아는데, 그럼 이 선생님이 쓰시던 상호를 그대로 물려받으신 건가요?"

"네. 히피커피의 상호뿐만 아니라 히피커피의 로고까지 다 물려받았어요. 히피커피의 로고에 담긴 뜻이 자유, 평화, 사랑이에요. 그 로고의 상징이 좋아서 얼씨구나 하고 얼른 다 물려받았죠. 어찌 보면 이병학 선생님 때문에 이 가게가 탄생됐다고 해도 과언이 아닙니다. 이 가게 자리를 선정해 주신 것도 선생님이고, 가게 인테리어까지 꼼꼼하게 조언해 주신 분도 선생님이니까요."

"커피 공부하면서 스승을 잘못 만나 고생하는 분도 계시던데, 남궁 연 선생님은 스승 복이 있었던 거네요?"

"그런 셈이지요."

"카페는 커피 맛 못지않게 입지도 굉장히 중요한데, 여긴 정말 최상의 조건을 갖추고 있어요. 바다가 바로 눈앞에 펼쳐져 있으니까요."

"그 조건 때문에 이 자리가 비었을 때 망설이지 않고 곧바로 계약했습니다."

남궁 연 씨는 아직도 손때가 묻은 유니온 샘플로스터로 커피를 볶는다. 그는 그 통돌이를 '빈자의 무기'라 부른다. 무기치고는 아름다운 무기다. 그 무기는 무시무시한 살상을 꿈꾸는 게 아니라 더불어 나누는 상생을 꿈꾸니까 말이다.

빈자의 무기는 '히피커피'의 명당에 놓여 있다.

그 자리에 탁자와 의자를 놓았다면 그 자리는 그 카페를 찾는 사람들이 가장 앉고 싶어 하는 곳이 되었을 것이다. 그러나 남궁 연 씨는 그 자

돌돌이 인에서 생두가 원두로 변해갈 때, 남궁 연 씨의 꿈도 익어간다.

리에 빈자의 무기를 앉혔다. 그것은 결국 그가 로스팅을 그만큼 중요하게 여긴다는 뜻일 테다. 그만큼 맛있는 커피를 만들겠다는 각오를 상징적으로 보여주는 것일 테다.

'히피커피'에 처음 갔을 때, 나는 출입문을 열기 전에 출입문의 오른쪽에 있는 로스팅 룸으로 다가갔다. 사방이 유리로 막혀 있는 그곳에 얼굴을 갖다 대고 그 안을 자세히 들여다보았다. 로스팅을 하는 과정에서 생두가 벗어 던진 갈색 옷들이 군데군데 수북이 쌓여 있었다. 냉각기 위에도, 선반 위에도, 생두 자루 위에도……. 그 갈색의 은피들은 마치 신비하고 은밀한 이야기를 들려줄 것만 같았다.

"로스팅 룸이 마치 사람들을 행복하게 하는 마법의 가루를 만드는 열린 밀실 같아요."

카페로 들어간 내가 남궁 연 씨에게 말했다.

"저는 아날로그 방식의 통돌이 로스터(생두를 담는 용기를 원통형으로 만들어 직접 열원 위에서 회전을 시켜 커피를 볶는 기계)를 좋아합니다. 그 녀석으로 커피를 볶으면 제가 원하는 맛을 다 낼 수 있거든요. 불의 세기만 잘 조절하면요. 우선 이 녀석으로는 한 번에 많은 양을 볶을 수가 없어요. 적게는 300g, 많게는 500g을 한 번에 볶아요. 원시적인 기계의 특성상 풍부한 경험과 기술이 필요하지만, 최고의 결과를 얻어낼 수 있는 가능성을 지니고 있는 셈이지요."

"불을 조절하는 게 힘들지 않나요? 통돌이는 불을 조금만 무심하게 다뤄도 커피의 양 끝이 타고, 속은 덜 익고……. 그래서 그런 커피 내려 마시면 떫기도 하고, 텁텁한 맛도 강하고, 탄 맛도 많이 나던데요?"

"처음에는 물론 실수도 많이 했지요. 하지만 경험치가 쌓이다 보니 이제는 충분히 최상의 맛을 낼 수 있는 로스팅 포인트를 찾을 수 있게 됐습니다."

"가장 원시적인 형태로 명품 수제커피를 만드시는 거네요!"

남궁 연 씨는 현대인이 기억조차 못하는 원시의 맛을 고스란히 살린 명품 커피를 만들기 위해 공을 들인다. 그가 다루기 힘든 불을 잘 다루어서 볶은 커피는 커피 맛에 예민하게 구는 사람의 고개도 끄덕거리게 만든다.

"커피가 떨어지면 바로 볶아요. 그래서 늘 신선한 커피를 손님들한테 드릴 수 있지요. 그게 바로 작은 통돌이 로스터가 갖는 가장 큰 장점입니다."

내가 그 카페에 갔을 때 메뉴판에는 핸드드립 커피의 종류가 열 가지나 있었다. 나는 주문을 하기 위해 커피를 하나하나 짚어 내려갔다. 그러나 모든 커피가 다 마시고 싶었다. 커피를 좋아하는 사람이면 누구나 다 그러하듯이 나는 한 커피를 편애할 수가 없었다. 아, 커피들이 살아 있는 존재라면 제비뽑기라도 해서 순서를 정하련만······.

그런 내 생각을 알아차렸는지 남궁 연 씨가 나를 보며 빙긋 웃었다.

"순서대로 열 가지 커피를 다 드시고 가세요!"

그의 말에 나는 속으로 환호했지만, 기쁨을 감추지 못하고 곧 그를 따라 소리 내어 웃고 말았다. 나는 바$^{Bar}$에 앉아 그가 핸드드립하는 것을 지켜보았다.

남궁 연 씨는 메뉴판의 맨 위에 있는 브라질 커피를 나의 첫 커피로 골랐다. 원두를 분쇄기에 넣고 분쇄를 했다. 향수병을 깨뜨린 듯이 향기가 확 번졌다. 나는 숨을 깊이 들이쉬었다. 그는 칼리타 드리퍼$^{Kalita\ Dripper}$(추출구가 세 개이고, 물길을 내는 갈빗대가 촘촘하고 긴 드리퍼)에 여과지를 깔았다. 그 속에 분쇄한 커피를 넣고, 평평하게 수평을 잡았다. 묵묵히 핸드드립을 했다. 그는 구름처럼 새하얀 커피잔에 커피를 따른 뒤 나에게 건네주었다.

"와, 원시인의 눈처럼 맑고, 순백의 커피꽃처럼 향기로워요!"

"브라질 커피는 깊고 푸근한 맛이 있어요. 향이 좀 독특하고 개성이 강한 커피들은 어떤 땐 좋지만 어떤 땐 마음에 안 들 때가 있죠. 그런데 브라질 커피는 늘 한결같아요. 커피 블렌딩을 할 때 브라질 커피를 빼 놓으면 무언가 허전해요. 그래서 다른 건 빼도 브라질 커피는 꼭 집어넣어요. 가장 편안하고, 가장 정직한 맛을 내는 게 브라질 커피에요. 그래서 여기 와서 마실 커피를 못 고르는 손님에게 꼭 권하는 커피가 브라질 커피에요."

"커피 오래 하신 분들은 대부분 브라질 커피를 좋아하시더라고요?"

"브라질 커피 하면 커피의 대명사 같기는 하지만 너무 잘 알려져서 시시한 커피라는 편견을 갖는 분들이 있어요. 그런데 그 맛을 잘 음미해 보면 브라질 커피만큼 특별한 맛을 지닌 커피도 없는 거 같아요."

"제가 여태까지 마셔본 브라질 커피 중 최고로 맛있어요!"

그가 새로운 커피를 준비하는 사이에 나는 끊임없이 질문을 해댔다.

"그런데 왜 커피잔은 흰색 머그잔만 쓰시나요?"

"흰색은 우선 이미지가 깨끗하잖아요? 커피의 색깔도 돋보이게 하고요. 그래서 흰색 잔만 씁니다."

커피를 담는 잔 하나를 고를 때도 허투루 고르지 않는 남궁 연 씨의 세심한 배려는 거기서 그치지 않았다. 그는 에스프레소는 특별한 잔에 담는다. 소주잔 크기의 유리잔인데, 그 잔에 담긴 에스프레소는 황금빛 크레마가 빛난다. 마치 잔을 황금으로 도배한 듯 말이다.

"대부분의 커피집에서는 도자기로 된 앙증맞은 에스프레소 전용 잔을 쓰는데, 여기는 좀 다르네요?"

"제가 스페인 갔을 때 도피오 마시던 잔이 바로 이런 잔이었어요. 황금빛 크레마가 해변의 황금빛 노을처럼 보이기도 하고, 제가 커피홀릭이 된 그 순간을 추억하고 싶기도 하고……. 아마 에스프레소 본고장에서는 거의 이런 유리잔에 에스프레소를 담아 줄 거예요."

"도자기 잔에 에스프레소를 마셨을 때랑 느낌이 좀 다르기는 하네요. 맛의 강렬함은 같은데, 유리가 전해 주는 따뜻함이 더 강하고, 커피를 다 마신 뒤에 남은 크레마의 여운을 무늬로 감상하는 재미도 있고요."

그 무슨 일을 하든 초심을 잃지 않는 것은 중요하다. 초심을 잃으면 사실 다 잃는 것이나 마찬가지다. 맛도 잃고, 겸손함도 잃고, 배려심도 잃으니 말이다. 그럼 결국 그곳을 지키는 사람은 외로워지게 마련이다.

그러나 한 잔의 커피가 화려한 축제장의 불꽃보다도 자신을 더 매료시킨 그 순간의 눈물겨운 감동을 다른 사람에게도 느끼게 해 주려는 남궁

연 씨의 노력은 헛되지 않아 '히피커피'는 언제나 사람들로 북적거린다.

"하루에 열네 시간씩 가게를 지켜요. 서울에서, 경기도에서, 경상도에서 여기까지 커피 마시러 오는 분들께 상실감을 안겨 주지 않으려고요. 저는 종업원이나 인테리어, 소품, 주인의 인성이나 표정까지도 커피 맛의 일부라고 생각해요. 그래서 그걸 종합했을 때 높은 점수를 받으려고 노력합니다."

기자처럼 예리한 감각으로 로스팅한 원두를 갈아 장인에 버금가는 손맛으로 핸드드립을 한 그의 커피는 빈 잔의 잔향마저 좋았다.

"신맛과 쓴맛을 좋아해요."

만델링을 마신 뒤에 빈 잔에 코를 박고 하는 내 말을 들은 남궁 연 씨는 킬리만자로를 또 내려 주었다.

"영국의 작가 조지 버나드 쇼가 묘비에 이렇게 적었어요. 우물쭈물하다 내 이렇게 될 줄 알았다고. 어린 시절에 저는 다짐을 했어요. 그런 묘비명을 적는 후회를 결코 하고 싶지 않다고요. 히피커피에 와서 제가 만든 커피를 마신 분들이 절대 후회하지 않는 커피를 만드는 게 현재의 제 꿈입니다."

남궁 연 씨는 오늘도 자신이 감명 깊게 읽은 《커피의 역사》에 밑줄을 친 문장을 되새기며 커피를 만든다. 새 손님에게든 단골에게든 메뉴판에 있는 커피를 다 권하면서 밀이다.

"누구도 배척하지 않는 커피!"

자연의 숨결이 묻어나는 커피 한잔

# 레드브라운
Red Brown

제주특별자치도 서귀포시 안덕면 대평리 844-19 | 브라운 김 | 064 738 8288

자연이 그립다는 건,

삶에 지쳤다는 것

"낮 11시에 활짝 열고 저녁 9시에 살짝 닫아요."

아침엔 바다가 반가워 활짝 문을 열고, 저녁엔 바다가 놀랄까봐 살짝 문을 닫는 그 커피집에 가기 위해 김포국제공항에서 비행기를 타고 제주국제공항에 내렸다. 날씨는 쾌청했다. 그 전날까지 폭풍이 몰아친 탓인지 공기는 맑았으나 바람은 습기를 머금고 있었다. 600번 공항리무진 버스를 타고 중문 관광단지까지 가는 동안 안개가 짙은 구간이 있기도 했다. 그러나 녹나무, 후박나무, 꽝꽝나무들 사이사이에 피어 있는 꽃들은 나를 환영했다. 한 잔의 맛난 커피를 찾아가는 여행은 언제나 이렇게 나를 달뜨게 만든다.

중문 관광단지에서 하차한 나는 택시를 탔다. 택시는 내비게이션이 안내해 주는 길을 달렸다. 달, 화성, 금성뿐만 아니라 소행성 베스타에도 있다는 현무암으로 야트막하게 쌓은 돌담들 안쪽에는 제주감귤이 자라

커피, 꿈을 볶다 27

는 밭들이 있었다. 나는 그런 풍경을 하나라도 놓치지 않으려고 이국에 간 여행자처럼 사방을 두리번거렸다.

"중문에서 이곳으로 오는 길의 가로수는 벚나무예요. 봄에 하얀 꽃길이 끝나면 노란 유채꽃길이 이어지고, 그 꽃길이 끝나면 파란 바다가 쫙 펼쳐지지요."

그 한적한 바닷가에 있는 카페 '레드브라운Red Brown'을 찾아 비가 오락가락하는 대평리에 들어선 택시는 길을 헤맸다. 목적지 부근이라는 안내 멘트는 길 찾기에 도움이 되지 않았다. 하는 수 없이 카페의 주인장에게 전화를 걸었다.

"거기서 빨간 등대 보이세요? 바닷가 쪽에 있어요. 빨간 등대 바로 앞쪽에 있는 빨간색 단층 건물이에요."

택시는 좁은 골목길을 돌아나가 대평포구를 향해 천천히 달렸다.

"와, 저기 있다!"

"레드브라운은 최고의 커피로 꼽히는 자메이카 블루마운틴을 가장 맛있게 볶았을 때의 색깔이에요. 또 다른 게 있다면……. 제가 홍차를 공부한 적이 있는데 '레드'는 '홍차'일 수도 있고, '브라운'은 '커피'일 수도 있겠지요. 향후에는 커피와 홍차를 함께 하는 카페이고 싶으니까요."

카페지기인 브라운 김 씨가 친절하게 설명을 해 준 카페 '레드브라운'은 나를 마중 나온 듯 길가에 다소곳이 서 있었다. 나는 대번에 함박꽃처럼 웃었다.

외부 입간판에 커피잔 두 개가 매달려 있는 '레드브라운'이 있는 대평

레드브라운을 찾는 이정표 빨간 등대와
그 너머에 병풍처럼 뻗어 있는 주상절리

리의 원래 지명은 '용왕난드르'이다. '용왕이 나온 너른 들판'이라는 뜻이다. 카페 '레드브라운'이 생기고 몇 달 뒤에 올레길이 생겼는데, 이곳은 올레길 8코스가 끝나는 지점이기도 하다.

'레드브라운'에서 서쪽을 보니 안개 속에 절벽이 솟아 있다. 안개 때문인지 절벽 앞의 바다 때문인지 분위기가 신비했다. 130m의 주상절리인 그곳은 올레길 9코스가 시작되는 곳이다. 지명은 '박수기정'이다. 비가 오면 절벽 곳곳에서 작은 폭포처럼 물이 쏟아진다는 뜻의 '박수'와 절벽을 뜻하는 '기정'을 합친 말이다.

제주도의 방언들은 결국 나를 이방인으로 만들었다.

나는 얼른 '레드브라운'의 문을 열고 안으로 들어갔다.

"이곳에서는 계절에 따라 노을이 지는 모습이 달라요. 동쪽에 있는 형제섬에서 서쪽에 있는 박수기정으로 해가 질 때 하늘과 바다가 노을에 물드는데, 그 노을이 참 좋아요."

내가 '레드브라운'에 머물 때는 하루 종일 비가 오락가락했다.

"비 오는 날, 빗소리도 좋아요."

브라운 김 씨의 말처럼 바다가 보이는 카페에서 듣는 빗소리는 노을을 보지 못해 못내 아쉬운 내 마음을 충분히 위로해 주었다.

"날이 흐리고 비 오는 날은 만델링이 좋더라고요. 저는 비 오는 날에 만델링을 마셔요. 묵직하고 차분하게 가라앉는 깊이감과 빗소리와 어우러지는 농밀한 향기까지……. 비 오는 날의 느낌이랑 잘 맞는 거 같아요."

브라운 김 씨는 동으로 만들어진 드립포트에 온도계를 꽂고 만델링을 핸드드립했다. 분쇄한 원두에 점점이 물을 부어 뜸을 들일 때 유리로 된 커피서버에 떨어진 커피는 버렸다.

그가 커피를 배울 때는 주로 칼리타 드리퍼를 이용했다고 한다. 그러나 지금은 웬만한 커피는 다 고노 드리퍼Kono Dripper(추출구가 한 개이고 물길을 내는 갈빗대의 수가 적고 짧은 드리퍼)로만 내린다. 커피가 가지고 있는 깊이감과 맛을 보다 섬세하게 표현하는 데는 고노가 낫다고 여기기 때문이다.

브라운 김 씨가 대평포구 등대의 색깔처럼 빨간 커피잔에 담아 준 커피를 마시며 나는 바다가 내다보이는 실내를 휘휘 둘러보았다.

'오늘의 추천 커피는 인도네시아 만델링Indonesia Mandheling이랍니다!!!'라고 적힌 칠판이 보였다. 그것을 보는 순간, 이곳에서는 '오늘의 추천 커피'를 어떻게 정하는지 궁금해졌다. 나는 다시 주방을 보고 돌아앉아 질문을 던졌다.

"오늘의 추천 커피를 정하는 기준은 따로 없습니다. 배전도에 따라 아침에 몇 가지 내려보고, 잘 내려지는 것, 맛과 향이 잘 표현되는 걸로 정합니다. 물론 날씨에 따라서도 달라지지요. 오늘처럼 흐리고 비 오는 날은 진하고 무거운 게 좋으니까 케냐, 만델링, 과테말라, 칼로시 같은 걸 오늘의 커피로 정합니다. 화창한 날은 에티오피아가 잘 어울리는 거 같고요. 추천 커피는 예가제프, 코케, 공가 같은 메뉴에 없는 커피가 나갈 때가 많습니다."

'레드브라운'에서는 메뉴판보다 게시판을 잘 보는 것이 중요하다는

땅과 하늘과 바람과 바다가
브라운 김 씨를 진정한 그곳 사람으로 만들어 가듯이
그는 그곳 사람들이 좋아하는 커피 맛에 동화되어간다.

생각을 하며 만델링을 다 마신 나는 말했다.

"커피가 진하고, 부드럽고, 다네요!"

"가게 열고 6개월쯤 되었을 때, 어느 비 오는 날이었어요. 손님이 없어서 만델링을 한 잔 내려 바다가 보이는 데서 마셨어요. 그런데 제가 내린 건데도 정말 맛있는 거예요. 저를 칭찬해 준 적이 있어요."

브라운 김 씨는 잔잔한 바다처럼 웃으며 말했다.

빨간 등대가 보이는 자리에 앉아 있기를 즐기는 그가 좋아하는 커피는 과테말라다.

"과테말라가 저한테는 커피다운 커피 같아요. 커피에는 여러 가지 맛들의 어우러짐이 있는데, 그 커피에는 그런 것들이 다 있어요. 과테말라는 마치 다크 초콜릿 같아요."

그가 핸드드립 커피를 처음 마신 것은 1990년 초 신사동에 사무실이 있던 광고회사에 카피라이터로 입사했을 때다. 그 회사 밑에 핸드드립 카페가 있었다. 그때는 커피를 잘 몰랐지만 카피가 잘 안 풀릴 때마다 거기 가서 머물렀다. 그 시절부터 커피는 이미 브라운 김 씨에게 삶의 일부가 된 것이다.

카페의 구석 자리에서 일의 실마리를 풀던 시절이 있었기에, 그는 자신의 카페에 오는 사람들 또한 오래오래 머물다 가기를 원한다. 그래서인지 '레드브라운'에는 급하게 왔다가 급하게 가는 이가 없다. 어느 자리에 앉아도 광고의 한 장면처럼 아름다운 카페이기 때문일까. 벽에 기대어 서 있는 책장에서 가지런한 책을 빼다 읽기도 하고, 바다를 바라보고 앉아 생각에 잠기기도 하고, 걸어온 올레길을 마음으로 되짚어 가보기도 하고, 심상에 떠오른 것들을 메모하기도 한다.

그렇게 여행을 왔다가 우연히 혹은 작정하고 '레드브라운'에 들렀던 사람 중에는 2008년에 삶의 터전이었던 서울을 버리고 내려와 2009년에 '레드브라운'을 열고 제주특별자치도민이 된 그처럼 제주에 뿌리를 내린 사람이 서넛 있다. 그들은 물론 브라운 김 씨처럼 대학시절부터 바다도 있고 산도 있어 좋은 제주도에 내려와 사는 것이 꿈이었던 이들은 아니다. 그러나 그들은 도시가 싫어서 이 섬을 찾아와 마음을 비우고 사는 브라운 김 씨의 삶이 자신이 그리던 삶과 유사하다고 느낀 것이다. 살던 곳을 정리하고 자신의 곁으로 이주한 그들을 브라운 김 씨는 '올레이민자'라고 부른다. 느리게 사는 삶의 아름다움을 찾아 이 섬으로 오는 사람은 앞으로 얼마나 더 늘어날지 모른다. 때로 이렇게 한 사람의 삶은 다른 사람 삶의 전형이 되기도 하는 법이다.

"이 대평리가 원래 외진 동네였는데 올레길 생기고 나서 유명해졌어요. 카페 문 열 때는 시골이라 손님이 별로 없어서 핸드드립만 했는데……. 요즘엔 주말에 엄청 바빠서 머신을 쓸까말까 고민 중이에요. 머신을 쓰려니 망설여져요."

그는 모든 커피를 핸드드립한다. 원두의 종류나 상태에 따라 다르기는 하지만 1인분의 커피는 원두 20~22g을 물 150~200cc 사이로 내리며, 부드러운 커피를 원할 때는 물로 약간 희석하기도 한다. 원두의 분쇄도를 가늘게 해서 85~90℃ 사이의 물로 내리되 약하게 볶은 것은 온도를 높게 해서 내리고, 세게 볶은 것은 온도를 낮게 해서 내린다. 다 내린 커피를 잔에 담을 때는 차 거름망으로 거품을 걸러낸다. '하루에 1kg씩 (50번씩) 3년은 드립해야, 그래서 1톤 정도의 커피를 내려야 핸드드립 조금 한다고 할 수 있다'고 말하는 브라운 김 씨가 깔끔한 커피 한 잔을 만들려고 공을 들이는 그 모습은 마치 한 편의 광고 카피를 만드는 것 같다. 그래서 그가 만든 커피를 마시면 몽유하는 기분이 들기도 한다.

'새로운 커피를 선택하는 것은 반갑고 즐거운 모험이다'라고 브라운 김 씨는 말한다. 그가 최근 에티오피아에서 찾은 커피인 콩가는 순수한 대지의 향기와 단맛이 충분히 스며 있었다.

아직은 카페를 찾는 손님들이 커피의 신맛을 약간 부담스러워 하기에 '레드브라운'의 주인장은 신맛 있는 커피를 잘 쓰지 않는다. 어쩌다 쓰게 되는 경우라도 로스팅 과정에서 그 맛을 잡는다. 화산이 잠자는 그곳의 땅과 하늘과 바람과 바다가 브라운 김 씨를 진정한 그곳 사람으로 만들어 가듯이 그는 그곳 사람들이 좋아하는 커피 맛에 동화되어간다. 사람을 서로 묶는 가장 강렬한 것은 어찌 보면 자연인 셈이다.

그가 추구하는 것은 핸드드립 커피답게 기본적으로 부드럽고, 깔끔한 커피다. 거기에 고소하고, 쌉쌀하고, 단맛이 나는 각 산지별 커피의 향미가 잘 표현되는 커피를 대접하고 싶어 한다. 그는 아침마다 샘플 로스터 두 대로 여러 커피를 볶으며 그 맛을 찾는다. 광고를 만들던 자신의 예민한 감각에 의존해 시간, 온도, 콩 색깔, 향기 등을 살피며 로스팅을 한다. 그가 맛을 창작해 내는 그 밀실을 보지 않아도 나는 그 공간을 상

상할 수 있었다.

"흐리고 파도치는 날도 좋고, 눈부시게 화창한 날도 좋고, 비 오는 날도 좋고……. 그때그때 다 좋아요. 단골들이랑 좋은 날 잡아서 볶아 마시려고 코피 루왁을 보관하고 있어요."

"여기 단골들은 좋겠네요."

아직 그 단골의 명단에 오르지 못한 나는 '레드브라운'에 자주 오기로 작심했다. 오늘 보지 못한 노을도 꼭 봐야 하기에…….

바다가 곁에서 철썩대며 내 옆구리를 치는 '레드브라운'의 바에 앉아 커피를 사러 오는 사람들과 얘기를 나누기도 하고, 바쁜 그를 대신해서 손님들에게 오늘의 추천 커피를 권하기도 하고, 손님들에게 물잔이나 커피를 갖다 주기도 하는 사이에 그곳을 떠날 시간이 되었다.

브라운 김 씨는 내 손에 이정표를 하나 쥐어 주었다. 그 이정표를 따라가다 나는 발길을 자주 멈추었다. 길가에 피어 있는 꽃들을 보느라, 제비가 집을 짓고 있는 남의 집 처마 밑을 기웃거리느라……. 그렇게 해찰을 부리며 걷다 보니 안내판도 없는 버스종점 옆에 그 이정표의 끝이 있었다. 대평리 바닷가에서 해녀가 직접 채취한 바다 고동인 보말을 이용해 만든 '보말수제비'와 '강된장비빔밥'이 유명하다는 대평리의 토속식당인 '용왕난드르 식당'이 말이다.

나는 또 다른 맛의 세계인 그 문을 천천히 열었다.

커피, 음악과 만나 목소리를 찾다

# 아띠

Atti

전라남도 순천시 조례동 1818-5 | 김원일 | 070 4229 3401

커피를 나눈다는 건,

친구가 되었다는 것

아띠 4주년 기념 콘서트 초대장

날짜 : 2012년 10월 11일(목)

시간 : 저녁 8시

장소 : 로스터리 카페 아띠

참가팀 : 백현공 컴퍼니(구 코쿤밴드), 직장인 밴드 외

관람료 : 무료(본 초대장을 소지하신 분 음료 무료제공)

주최 : 로스터리 카페 아띠

후원 : 까멜리아, 이자카야 도쿄 사무라이


  몇 차례 태풍이 지나간 뒤라 하늘의 빛깔과 햇살이 아름답기 그지없는 날, 순천에서 초대장이 날아왔다. 모바일로 온 초대장의 상단 왼편에서는 커피 색깔의 색소폰이 초록, 연두, 분홍, 주황의 음표를 만들어 내

고 있다. 그 건너편에는 가을빛에 물든 세 명의 남자가 트럼펫, 트롬본, 전자키보드를 흥겹게 연주하고 있다. 그 아래쪽에는 잘 볶인 원두들이 초대 글씨의 바탕을 이루어 향기를 발산하고 있다. 나는 그 초대장을 코 가까이 대고 향기를 맡아본다. 진하다.

그 초대장을 받은 사람은 모두 나처럼 행복했으리라. 초대장을 보는 순간 미소를 지었던 사람이라면 아마 그 마음 한편에 이미 로스터리 카페 '아띠'가 아름다운 광장으로 존재할 것이다. 언제든 내가 마음껏 햇볕을 쬐며 거닐 수 있고, 사람들의 각기 다른 표정을 살필 수 있고, 그들과 인사를 나눌 수 있고, 정담을 나눌 수 있고, 마음을 터놓을 수 있고, 영감을 받을 수 있는 공간 말이다. 그 카페는 그렇게 낙양읍성 안팎의 사람들한테 광장으로 존재한다.

음악으로 소통을 꿈꾸는 로스터리 카페가 '아띠'다. '아주 친한 친구'라는 뜻을 담아 작명을 했다는 그 상호가 내걸린 그곳에서는 특별한 날에 스페셜 공연을 열기도 하지만, 매달 1회씩 정기공연을 연다. 정기공연은 매달 마지막 주 금요일 8시부터 1시간 30분 동안 열린다. 하지만 앙코르와 뒤풀이가 길어지면 그 공연은 자정까지 이어지기도 한다. 카페 뒷마당 뒤에 아파트 단지가 없다면 아마 그 열기는 아침까지 이어질 것이다.

그날 그 공간에서 손뼉을 치고, 어깨춤을 추고, 환호를 하고, 즉석 공연의 주인공이 되기도 하고, 교감을 나누기도 한 사람들은 그 시간에 스트레스를 다 쏟아내고 듬뿍 채운 에너지로 다음 공연이 열릴 때까지 일상을 즐겁게 보낼 수 있을 것이다. 그런 의미에서 보면 '아띠'는 낙양읍성 사람들에게는 더없이 귀한 오아시스다.

'아띠'의 주인장 김원일 씨는 공연을 기획하고, 출연자를 섭외하고, 프로그램을 짜고, 포스터를 만들고, 안내문을 발송하고, 예약을 받고, 무대를 꾸미고, 사회를 보면서 일인 다역을 한다. 꽤 많이 드는 공연 경비를 마련하기 위해 하루도 쉬지 않고 부지런히 커피를 볶아 판다. 맛있는 커피를 만들기 위해 그는 커피와 관련된 세미나 또한 열심히 찾아다닌다. 그곳이 서울이든 강릉이든 말이다. 물론 그 세미나가 맛있는 커피를 만들어 주지 않는다는 것을 그도 안다. 그러나 그런 방식의 소통을 통해 자신만의 독특한 맛을 지닌 커피를 만들려고 발품을 파는 것이다.

그렇게 바쁜 와중에도 김원일 씨는 언제나 싱글벙글이다. 그것은 아마 '아띠'가 순천 지역의 공연 문화를 선도해 나간다는 자부심 때문일 테다. 그의 그런 열정 덕택에 그 지역에 사는 사람들은 멋진 공연과 향기로운 커피를 즐길 수 있는 것이다.

"공연은 정기적으로 열릴 거예요. 포크, 재즈, 록, 팝 등 다양한 공연을 진행할 예정입니다. 현재는 지역에서 활동하고 있는 연주자를 초대해서 지역 문화 발전에 초점을 맞추고 있습니다. 그래서 순천에서 문화행사를 기획하고 계시는 분들을 계속 만나고 있습니다. 하지만 앞으로는 순천이라는 지역에 한정하지 않고 다른 지역에서 활동하고 있는 실력 있는 연주자들을 초대해서 더욱 재미있고, 관객들이 더 공감할 수 있는 공연을 만들어 갈 예정입니다. 늘 관심 있는 연주자들의 참여를 기다립니다."

커피와 음악을 통해 행복한 소통을 확대해 나가겠다는 김원일 씨는 안이 없는 안경테를 착용하는 겉멋을 부릴 줄도 안다. 하지만 그는 문화의 힘을 아는 진정한 속멋까지 갖춘 사람이다.

'아띠'를 개업한 날을 기념하여 여는 음악회 초대장을 들여다보던 나는 지난 여름에 그곳에서 열렸던 재즈공연에 참석했던 날을 떠올렸다. 연신 고개를 끄덕거리며 리듬을 타기도 하고, 때로는 발장단을 맞추기도 하고, 익숙한 음률을 따라 흥얼대기도 했던 그 시간을 말이다. 나는 아이패드의 노타빌리티 어플에 녹음을 해 온 그날의 연주를 다시 듣는다. 흘러나오는 음악은 행복감에 들떴던 과거의 시간 속으로 나를 가뿐히 데려다 놓는다.

그때까지만 해도 '아띠'에서는 재즈만 공연했었다. 그날 역시 해금 연주자 최윤희, 첼리스트 이경주, 피아니스트 최수옥 씨와 코쿤밴드가 다양한 재즈곡을 선사했다. '하늘빛 그리움', '쇼스타코비치의 왈츠', '과수원길', '춘천 가는 기차'……. 연주는 관객이 재즈를 친근하게 받아들일 수 있는 곡부터 시작됐다.

연주가 시작되자 곧바로 흥겨워진 사람들은 발장단을 맞추고, 휴대폰을 꺼내 사진을 찍었다. 우산을 쓰고 지나가던 사람들은 걸음을 멈추고 쇼윈도 밖에서 가게 안을 들여다보았다. 가게 뒷마당에서는 야간자율학습을 끝낸 학생들이 교복차림으로 와서 공연을 구경하며 환호했다.

"이럴 때는 손뼉 쳐주는 거예요!"

아직 공연 문화에 익숙하지 않은 사람들을 리드하기 위해 김원일 씨

음악이 흐르는 카페, 커피의 목소리가 들리는 카페. '아띠'다.

는 연주곡이 끝나거나 절정의 순간에 박수를 유도했다. 그때마다 관객들은 우레와 같은 박수를 보냈다. 그 시간 그 공간에서는 음악 따로 연주자 따로 관객 따로 놀지 않고 모두 하나가 되어 신명나게 놀았다. 그 공간에서 연주된 음악은 가뭄을 해소한 그날의 여름비처럼 음악에 대한 사람들의 갈증을 충분히 풀어 주었다.

"베니스에 가면 카페 플로리안이 있어. 거기 가면 네 명의 남자가 재즈공연을 해. 스윙재즈와 어울리는 게 에스프레소야."

그곳에 함께 간 친구의 얘기를 들을 때 나는 마치 이국의 한 광장 모퉁이에 있는 카페에 앉아 있는 느낌이 들었다. 아마 순천에 와서 '아띠'의 재즈공연을 본 여행자라면 분명 자기 삶터로 돌아가서 그 공간에 흐르던 재즈 선율과 피어나던 커피의 향기를 낭만적으로 얘기했을 것이다. '아띠'는 그렇게 사람들 마음속에 잊을 수 없는 한 순간을 남긴다.

김원일 씨는 음악을 전공하지 않았다. 그렇다고 악기를 잘 다루지도 못한다. 그는 그 자신을 두고 '귀만 열려 있다'라고 말한다. 그런 그가 자신의 카페에서 정기적으로 음악회를 열게 된 동기는 남다르다.

"중학교 때였어요. 그때는 라디오 프로에서 음악을 즐겨 들었어요. 그때 누가 김기덕 씨한테 이렇게 물었어요. 어떤 음악이 좋은 음악이냐고요. 김기덕 씨가 이렇게 말했어요. 들어서 좋은 음악이 좋은 음악이다. 그 말에 감동했어요. 그래서 커피를 통한 만남의 장을 열면서 사람들한테 뭘 들려줄까 하고 고민을 하다 공연을 시작하게 되었어요."

순천에는 밴드가 많다. 음악학원이 많아 거기서 자연스럽게 밴드가 형성되기 때문이다. 다양한 악기를 연주하는 사람 또한 많다. 그러니 다재다능한 그들이 끼를 발산할 수 있는 무대는 필수적이다. 특히 생활 속에서 청중들과 친밀하게 호흡할 수 있는 무대는 많을수록 좋다. 그래서 음악가들에게는 카페 '아띠'가 자신의 작품을 발표하며 관객과 소통할 장이 된다. 음악애호가들에게는 카페 '아띠'가 다양한 음악을 통해 무미건조한 삶을 리드미컬하게 바꾸는 장이 되는 것이다.

카페 '아띠'의 공연은 예약제로 운영이 된다. 공연 일정을 짜고 나면 포스터를 만들어 공고를 하고, 블로그에 공연 일정을 올리고, 단골들에게는 문자를 보낸다. 공연 당일에 제공하는 커피 값이 포함된 관람비 1만원을 받고 예약을 받는다. 예약을 한 사람의 인원수에 맞추어 객석을 세팅한다. 한 번 공연을 할 때 보통 50여 명의 사람이 온다. 학생, 연인, 가족, 친구, 음악을 하는 사람들, 개인 사업자들······. '아띠'에서 그들은 서로 음악과 커피라는 공통분모 속에 들어가 흥겹게 어울린다. 그 시간에 그 공간에 존재하는 그 모든 사람들은 한 곡의 음악 속에 들어 있는 각기 다른 음표인 것이다. 수준이 높은 공연을 하기 위해 유료로 운영을 하는 그 무대가 처음 열린 지는 벌써 1년 반이 되어간다.

"어느 날, 어떤 분이 가게 앞을 지나가다 고개를 갸웃거리면서 들어와서 이렇게 말씀하셨어요. 여기, 아띠 짝퉁이에요? 그게 무슨 말이냐고 여쭤봤더니 이러시더군요. 여수 돌산공원에 아띠가 있는데······. 그래서 제가 그랬죠. 그 아띠가 여기로 왔어요. 순천, 광양, 여수에 아띠가 많이 알려져서 여수에서 쓰던 카페 이름을 그대로 가져왔습니다."

김원일 씨가 여수에서 카페 '아띠'를 개업한 때는 2008년 10월 11일이다.

그는 어렸을 때부터 줄곧 자신에게 질문을 던졌다. 많고 많은 직업 중에 어떤 직업을 선택을 해야 삶이 행복해질까? 그 조건을 충족시키기 위해 그가 꼽은 것은 다섯 가지였다.

첫째, 좋아하는 일을 하자!
둘째, 사람을 많이 만나는 일을 하자!
셋째, 나를 끊임없이 발전시킬 수 있는 일을 하자!
넷째, 사회와 타인을 위해 공헌할 수 있는 일을 하자!
다섯 째, 가슴에 열정을 키워 나갈 수 있는 일을 하자!

그 조건에 맞는 일을 찾기 위해 그는 요가 트레이너를 그만 두고 1년 동안 시장조사를 하기 위해 전국을 누볐다. 틈틈이 아르바이트를 해 경비를 벌면서 말이다.

요가 트레이너를 그만뒀을 때만 해도 그는 전통찻집을 하고 싶었다. 그러나 전국을 다니다 보니 그것이 시대의 흐름에 별로 맞지 않다는 판단이 섰다.

첫 사업이니 업종을 선택하는 일에 신중을 기해야 했다. 신중에 신중을 기한 끝에 그는 커피를 전문적으로 파는 카페를 열기로 결심했다. 그러나 그에게는 번듯한 카페를 차릴 만한 자본이 없었다. 자신이 선택한 일을 잘해 낼 수 있다는 자신감만으로 현실의 벽을 넘기에는 역부족이었다. 쇠절을 맛보며 힘들어할 때 그의 어머니는 결코 회사원은 되지 않겠다는 아들의 마음이 확고한 것을 알고 종잣돈 천만 원을 내밀었다.

"최소한의 자본으로 카페를 시작했어요. 월간 《리모델링》이라는 잡지에서 사진을 찍고 짧은 기사를 썼던 경험을 살려서 사진을 찍어 가게를 장식했어요. 자금력은 없었지만 열정은 그 누구보다 컸었지요. 커피 공부도 정규 과정을 밟아서 하지는 못했어요. 커피집 하는 분들한테 알음알음으로 배웠어요. 로스팅 시작한 지도 이제 삼 년 남짓 됐고요. 카페 문 열고 일 년 정도 지나니까 어떤 콘셉트를 잡아서 운영을 해야 할지 생각이 잡혔어요. 그래서 여수에서 삼 년만 하고나서 고향인 순천에 새 터를 잡아야겠다고 다짐을 했었지요."

그가 애초에 세운 계획을 실현할 수 있었던 것은 자신이 살아가야 할 삶의 모토를 멋지게 정하고 그대로 따랐기 때문이다.

김원일 씨는 카페를 차리면서 세 가지 원칙을 세웠다.

'베풀고, 돈 벌고, 시너지 효과를 주자!'

그 모든 원칙을 충족시키기 위해 그가 첫 번째로 해야 할 일은 커피 맛에 승부를 거는 것이었다.

그런 생각으로 좋은 커피 맛을 찾던 어느 날, 그는 커피와 관련한 세미나가 열린다는 소식을 듣게 되었다. '테라로사'라는 카페에서 커핑과 로스팅 세미나를 개최한다는 내용이었다. 그는 그 기사가 수록된 잡지사로 전화를 걸었다. 세미나에 참석하려면 그 커피집으로 직접 가라는

얘기를 듣고, 그는 14시간을 운전해서 그 커피집으로 갔다.

그때부터 지금까지 그는 1년 넘게 세미나에 참여하고 있다. 거기서 로스팅, 커핑과 더불어 커피산지에 대한 정보를 얻는다. 그는 '테라로사'의 부사장이자 한국인 최초로 국제커피품평회심사관이 된 이윤선 씨를 선생으로 여긴다. 그는 이윤선 씨를 통해 커피에 대해 보다 많은 걸 보고, 눈을 뜨게 되었다고 했다. 커피의 세계는 끝이 없이 무한하다는 것을 알게 된 그는 이제 그 세계의 끝까지 가 보려고 한다.

"커피에 올인하니까 길이 보이는 것 같습니다. 그래서 재미있기도 합니다. 제가 잘하는 게 있는데 그게 사람들 마음을 훔치는 것입니다. 저는 아띠에 처음 오시는 분들의 마음을 훔쳐 놓습니다. 그러면 그분들이 자기 마음을 찾으러 다시 옵니다."

유머 감각이 풍부한 김원일 씨는 카페 '아띠'에 오는 사람들 마음을 얻기 위해 다양한 노력을 한다. 그중의 하나는 손님이 앉아 있는 탁자에 가서 핸드드립을 하는 것이다. 그는 연인끼리 와서도 스마트폰 속에서 다른 사람을 만나는 행태를 싫어한다. 그래서 늘 드립세트를 챙겨서 손님들 탁자로 가는 것이다. 커피를 마시는 시간만큼은 커피에 몰입하게 하려고 말이다.

카페 '아띠'에 가면 입구에 재미있는 문구가 적혀 있다.

'미남 미녀분께는 테이크아웃 천 원 할인해 드립니다.'

그 문구를 보고 손님이 김원일 씨에게 묻는다.

"미남 미녀가 아니면 어떡해요?"

"1,000원 더 내시면 돼요."

커피를 사러 온 당사자들이 자신을 미남이나 미녀로 인정을 하면 커피 한 잔에 2,500원, 그렇지 않으면 3,500원을 받는다. 장난삼아 3,500원을 받을 때도 있지만 대부분은 2,500원을 받는다.

"사람은 누구나 고귀하고 아름다운 존재입니다. 그 아름다움을 미남, 미녀로 풀이한 것인데요. 자신의 아름다움을 인정하는 순간 그 사람은 고귀하고 아름다운 사람이 되는 것입니다. 그리고 덤으로 할인도 받으시는 것이고요."

이 재미있는 판매 전략 역시 김원일 씨가 손님하고 나눌 이야깃거리를 만들려고 고안해 낸 것이다. 그 전략을 좋아해 일부러 먼 길을 찾아오는 사람도 있을 정도다. 사람들은 김원일 씨가 자신에게 건네는 따스한 말 한마디를 그리워하는 것이다.

김원일 씨가 순천에 로스터리 카페 '아띠'를 열기 전까지만 해도 순천에는 커피를 볶고 핸드드립을 전문적으로 하는 집이 없었다. 그러다보니 그 지역 사람들이 원두커피에 대한 정보가 어두울 수밖에 없었다.

카페를 순천으로 이전해 오픈했을 때 한 손님이 와서 이렇게 말했다.

"왜 아랫집보다 커피 값이 500원이나 비싸죠? 500원 비싸면 안 될 텐데……."

"제가 만드는 커피는 일반 커피보다 더 뛰어난 맛과 향을 지니고 있습니다. 그 500원은 맛있는 커피를 만들려고 노력하는 제 수고비라고 생각해 주시면 감사하겠습니다."

"로스터리 카페의 미래는 커피 맛과 서비스라고 생각합니다.
그 둘을 충족시키기 위해 저는 늘 고민을 합니다.
순천은 생태도시, 관광도시, 문화도시입니다.
제가 여기서 맛있는 커피를 만들고 공연을 하면서
만드는 문화에 많은 분이 동참하시면 좋겠어요."

"알았습니다. 끝!"

그날부터 그 손님은 단골이 되었다.

'아띠'에 매일 출근하다시피 해서 라테만 마시는, 그래서 '라테아줌마'라 불리는 김영애 씨는 말한다.

"저는 장보러 가기 전에 매일 여기 와서 커피 한 잔 마셔요. 속이 안 좋아서 커피를 연하게 해서 우유를 많이 넣어 마시죠. 집에서는 핸드드립해서 아이들한테 줘요. 우리 식구는 여기 커피 다 좋아해요. 순천에서 커피가 젤 맛있는 집이에요. 여기가 죽은 거리였는데 이 커피집이 이 거리를 살려냈어요."

이웃에서 옷가게를 하는 단골들은 또 이렇게 말한다.

"커피 맛을 잘 몰랐는데, 아띠 때문에 커피 맛을 알게 됐어요. 다른 데 가서 커피 마시면 이렇게 말하게 돼요. 아, 아띠 커피랑 차이 있네! 그래서 바로 여기 와서 다시 커피 마시게 돼요."

"저도 커피 맛 잘 몰랐는데 여기서 처음에 사장님이 추천해 주는 커피 마시니까 끝맛이 허브티 맛이 나더라고요. 그래서 저는 늘 여기 오면 이렇게 말해요. 사장님, 오늘은 어떤 커피 마실까요?"

"저는 여기 와서 커피의 맛과 향만 느껴요. 그 짧은 시간이라도 아무 생각 안 하고 커피의 향과 맛만 즐기고 다시 제 삶으로 돌아가요. 그게 좋아요!"

순천 사람들은 카페 '아띠'가 존재하는 것을 감사하게 여긴다. 지역민들에게 그 카페는 이미 자신의 마음에 존재하는 찾아가고 싶은 공간으로 자리 잡은 것이다.

지역민들에게 사랑을 받고 찬사를 들을 정도라면 카페 '아띠'는 성공한 것이다. 그러나 그 성공이 거저 온 것은 아니다. 커피로 사람들 마음을 사로잡으려는 노력을 끊임없이 했기 때문이다.

그는 좋은 커피 맛을 내기 위해서는 생두 선택이 50%, 로스팅이 30%, 추출이 20% 정도를 차지한다고 본다. 그래서 늘 생두 샘플을 받아 샘플 로스팅을 하고 맛과 향을 테스팅한 뒤에 생두를 구입한다. 그런 뒤에는 터키산 로스터 토퍼로 가장 정신이 맑은 시간에 로스팅을 한다. 그리고 손님의 기호에 맞추어 즉석에서 블렌딩하여 커피를 만든다. 그는 늘 손님의 취향을 충족시키기 위해 애를 쓴다. 커피 교실을 열어 좋은 커피를 알리기 위한 노력도 멈추지 않는다.

"로스터리 카페의 미래는 커피 맛과 서비스라고 생각합니다. 그 둘을 충족시키기 위해 저는 늘 고민을 합니다. '아띠'는 순천의 명소가 될 것입니다. 순천은 생태도시, 관광도시, 문화도시입니다. 제가 여기서 맛있는 커피를 만들고 공연을 하면서 만드는 문화에 많은 분이 동참하시면 좋겠어요. 그리고 고향에 돌아와 삶을 영위하는 예술적, 문화적 재능이 있는 분들께서 또 다른 문화를 발전시키다 보면 순천은 문화의 중심지가 되지 않을까요?"

카페 '아띠' 주인장의 소망은 곧 이루어질 것이다. 그 공간에서 세 번째로 음악회를 열 때 관객은 고작 여섯 명이었지만 포기하지 않았기 때문이다. "와, 입안에서 향이 폭발하네!" 하며 그의 커피에 열광하는 손님들이 늘고 있기 때문이다. 그는 기차 여행을 온 청년들의 빡빡한 일정표를 찢어버리고 느림 속에서 만남을 즐기라고 충고할 줄 알기 때문이다.

카페 '아띠'는 이미 사람들이 흥겹게 흥얼대는 음악이다.

행복한 미소가 머무는 커피 공간
매화마름

인천광역시 강화군 길상면 초지리 428-1 | 오복순 | 070 4193 4889

익숙해졌다는 건,

이미 낡았다는 것

　　　　　　매화마름은 논에서 사는 수생식물로 서해안의 섬과 해안에서 드물게 발견되는 멸종위기 식물이다. 1998년 5월 강화군 길상면 초지리 일대 논에서 발견된 매화마름 군락지는 2008년 10월, 국내 유일의 논습지 람사르사이트로 지정되어 보존·관리되고 있다.

　2010년 여름에 문을 연 커피 로스팅 하우스 '매화마름'의 메뉴판에는 매화마름 사진 밑에 위와 같은 글이 적혀 있다.
　"한국적인 이름을 찾고 싶어 지인들에게 공모를 했어요. 카페 1년 무료 회원권을 상품으로 걸고요. 이곳의 지역명이 초지라 '카페 초지'로 할까 했는데, 초지라는 말의 어감이 강해서 고민 중이었거든요. 그런데 가게 문 열 날짜가 임박했을 때 아는 분이 그랬어요. 이 주위에 매화마름 군락지가 있으니까 '매화마름'으로 하는 게 어떻겠냐고요. 인터넷 검색창에 '매화마름'이라고 치면 강화군 길상면 초지리라고 딱 나와요. 그래서 상호를 '매화마름'으로 정했어요."

강화도에 사는 함민복 시인을 통해 '매화마름'을 알게 된 날부터 나는 그 카페의 주인이자 그곳 토박이인 오복순 씨에게 전화를 걸어 매번 이렇게 묻곤 했다.

"매화마름 꽃 피었어요?"

"아직요. 다른 때 같으면 4월 중순에서 하순 사이에 꽃이 피는데, 올해는 날씨가 추워서요. 모든 꽃이 한 달 정도 늦게 피는 거 같아요. 벚꽃도 이제 꽃봉오리가 맺혔어요."

"꽃 피기 시작하면 꼭 전화 주세요!"

"그럴게요."

기상이변을 탓하며 한 달을 보냈는데도 꽃소식이 없어 다시 전화를 걸었다.

"아직도 꽃 안 피었나요?"

"제가 저녁에 일 끝나면 논에 나가보고 전화 드릴게요."

나는 종일 꽃소식을 기다렸다. 인터넷으로 매화마름을 검색해 꽃 사진들을 보고 또 보면서 말이다.

"오늘은 꽃이 세 개 피었어요."

"오늘은 꽃이 네 개 피었어요."

친절한 복순 씨는 매일 저녁 나에게 매화마름이 몇 송이 피었는지 알려 주었다.

물이 틔운 싹. 매화마름 향기가 커피 향과 어우러지는 곳, '매화마름'이다.

"그럼, 다음 주쯤에 가면 사진 예쁘게 찍을 수 있을까요?"

"5월 21일에 매화마름 축제가 열려요. 사람들이 매화마름 사진을 잘 찍을 수 있도록 논에 물을 빼는 때니까 그때 오시면 좋을 거 같아요."

안개가 자욱한 그날 이른 아침에 '매화마름'을 향해 길을 떠났다. 이팝나무는 눈처럼 새하얀 꽃을, 애기똥풀은 샛노란 꽃을, 칡은 자주색 꽃을 피우고 있는 길을 달렸다. 작은 통에 담아 갖고 다니는 콜롬비아와 모카 하라의 원두를 깨물어 향을 음미하며……. 모내기가 끝났거나 못물을 대어 놓은 길 양편의 논들을 보니 오복순 씨가 한 말이 생각났다.

"농부들에게 매화마름 꽃 언제 피냐고 물었더니 못자리할 때 핀다고 했어요."

'매화마름'의 단골들 중에는 농부들이 많다. 살결에 와 닿는 바람의 결만으로도 비가 언제 올 것인지를 아는, 시인과 다름없는 그 농부들 말이다.

"이곳에 사시는 분들은 거의 토박이예요. 집에 손님이 왔을 때나 이웃끼리 얘기 나눌 장소가 필요하면 모두 이리로 오세요. 계 모임 할 때도 마찬가지고요. 처음에 제가 이 언덕에 카페를 차렸을 때 토박이 분들은 저보고 다 정신 나간 짓 한다고 걱정하셨어요. 그런데 이제는 그분들 사랑방이 된 셈이죠. 주말에는 인터넷 보고 찾아오는 젊은이가 많지만 평일에는 사오십 대 동네 분들이 주로 오세요."

시골에 있는 흔하지 않은 카페이다 보니 사람들이 쌀통으로 쓰고 싶어 생두 보관통에 눈독을 들이는 일부터 시작해 재미있는 일화가 수도 없이 많다.

어느 날 동네 할아버지 한 분이 허름한 체육복을 입고 오셨다. 대추차를 권했더니, 커피를 달라고 하셨다. 일주일 뒤에 그 할아버지가 다시 오셨다. 이번에는 양복을 멋지게 차려 입고 오셨다. 이곳에 올 때는 이렇게 차려 입고 와야 할 것 같다면서 말이다. 그때부터 단골이 된 그 할아버지처럼 이 동네 사람들은 어느 순간부터 언덕 위의 카페 '매화마름'에서 자신의 미각을 찾는 재미를 누리고 있다.

초지리에 사는 주민들은 이제 바깥 경치가 가장 빼어난 인테리어인 이 장소로 나들이하는 것이 행복한 일과가 되었다. 날씨가 좋은 날은 영종도의 야경을 보기 위해 나들이를 하고, 포도가 익을 철에는 포도향내를 맡으러 나들이를 하고, 심신이 지쳤을 때는 강화인삼과 에스프레소와 우유를 섞어 만든 홍삼라떼를 마시러 나들이를 한다.

동네 사람들은 모두 카페 '매화마름'에서 한 잔의 커피를 앞에 놓고 눈물과 웃음을 나눈다. 잊을 수 없는 맛으로 위로를 받으면서 말이다.

"어서 오세요!"

대부분의 커피집에서 종업원이나 주인이 손님을 반기며 하는 인사다. 그러나 '매화마름'의 주인인 오복순 씨는 그렇게 인사를 하지 않는다.

"안녕하세요?"

그 카페의 주인과 손님은 그만큼 진숙한 사이인 것이다.

"8년 정도 차를 했어요. 차는 세 명이 내리면 맛이 거의 비슷해요. 그런데 커피는 세 명이 내리면 그 맛이 천차만별이에요. 무궁무진한 세계

를 가진 게 커피예요. 사실 커피에 관심을 갖기 전까지는 커피를 한 잔도 안 마셨어요. 차는 맑디맑은데, 인스턴트 커피는 텁텁해서 안 마신 거죠. 커피 공부하느라 커피를 처음 마셨을 때는 몸이 떨리고, 손발까지 저렸어요. 그럼에도 불구하고 커피의 매력에 빠진 건 커피가 가진 변화무쌍함 때문이에요. 생두를 볶을 때 나는 향, 그라인더에 갈 때 나는 향, 핸드드립을 할 때 물을 부어 뜸을 들일 때 나는 향, 마실 때 나는 향……."

커피를 빼고 내가 가장 맛있고 향기롭게 마신 차는 오미자차와 대추차다. 그 두 가지 차는 모두 같은 장소에서 마셨다. 강화도 전등사 뒷산에 수목장 되어 있는 스승인 오규원 시인을 만나고 나오는 길목에서 들렀던 '죽림다원'이 바로 그곳이다. 오로지 차 한 잔을 마시고 싶어 다시 가고 싶던 곳. 그런데 알고 보니 오복순 씨가 바로 내가 마신 그 차들을 만든 주인공이었다. 이제 그녀는 한 잔의 커피로 사람들을 매료시키고 있다.

"제가 가장 맛있게 마신 커피는 '보헤미안'에 갔을 때 박이추 선생님이 내려 주셔서 마신 커피예요. 아침 6시에 출발해서 가게 문 열자마자 첫 손님으로 들어갔는데, 강화도에서 일부러 왔다고 했더니 로스팅 룸으로 들어오라고 하셨어요. 에티오피아 모카 하라를 내려 주셨는데, 꽃향기를 느꼈어요. 페이퍼 드립 Paper Drip(핸드드립을 할 때 종이재질의 거름망을 사용하는 것)을 했는데도, 꼭 융 드립 Nell Drip(핸드드립을 할 때 직물재질인 융을 거름망으로 사용하는 것)한 맛이 났어요. 어떻게 이런 맛이 나냐고 여쭤봤더니, 이렇게 말씀하셨어요. 몸과 마음과 커피가 하나가 되었을 때 맛있는 커피가 나온다고요. 그래서 저노 '매화마름'이라는 상호에 어울리게 꽃향기 나는 하우스 브랜드를 만들어야겠다고 생각했어요."

'매화마름'에는 향기 천지다. 커피 향기, 사람 향기, 꽃향기가 넘친다.

동양적으로 꾸민 정원에는 그 이름을 다 기억하기에도 벅찬 꽃들이 하나 지고 나면 또 하나가 핀다. 팥꽃나무, 꽃무릇, 작약, 방울철쭉, 애니시다, 황매화, 벌개미취, 연꽃, 인동, 수련, 아이리스, 공조팝나무, 한련화, 둥굴레, 도라지, 큰꽃으아리, 장미, 목백일홍, 노루오줌, 석류화, 말발도리, 매화마름······. 그런데도 그녀는 늘 꽃을 심느라 분주하다. 지난해 심은 꽃 다르고, 올해 심은 꽃 다르다면서 말이다.

꽃은 카페 안에도 가득하다.

모든 문의 고리가 꽃 모양이다.

오복순 씨의 친구가 만들어 주었다는 메뉴판에도 꽃이 피어 있다. 매화마름이다. 냅킨에도 꽃이 피어 있다. 역시, 매화마름이다. 명함에도 꽃이 있다. 그 꽃 역시 매화마름이다.

물잔에도 꽃이 있고, 커피잔에도 꽃이 있다.

매화마름이 한 송이 피어 있는 아메리카노 전용 잔은 틀 작업이 아닌 판 작업으로 만든 잔이다. 손으로 만든 느낌이 나면서도 두께가 적당히 얇고, 곱다. 아메리카노를 마실 때는 입술에 닿는 잔의 느낌이 좋아야 해서 신경 써서 만든 것이라고 한다.

제일 좋아하는 작약이 피어 있는 것만 봐도 행복을 느끼는 오복순 씨가 마음을 기울인 것은 그뿐만이 아니다. 설탕을 담아 놓은 도자기 보석

함, 전시와 판매를 겸하는 도자기 소품들, 각질 제거에 좋은 커피비누, 재활원생들의 재활을 돕는 커피쿠키, 오래된 나무로 만든 탁자와 그 외의 것들……. 그곳에서는 특별한 것을 찾는 재미가 보물 같다. 그래서 그 건물과 쌍둥이처럼 서 있는 살림집 건물은 그만큼 미학적이다.

"제가 커피를 발견했을 때 마치 보물을 찾은 거 같았어요. 사람들에게도 이 '매화마름'이 보물 같은 곳이 되었으면 좋겠어요."

그런 오복순 씨의 마음을 알기에 '매화마름'을 지을 때 다실 전문 건축가인 정호경 교수가 자신이 제일 아끼는 오래된 나무까지 선뜻 내어주면서 꼼꼼하게 자문을 해 주었을 테다.

"커피는 정성이라고 생각해요. 대부분의 손님이 단골이기 때문에 그 손님들을 다 기억해요. 누가 누구를 데려왔는지도 다 알아요. 그 손님이 좋아하는 잔, 좋아하는 커피, 좋아하는 농도, 즐겨 앉는 자리까지 다 기억해요. 하루에 한 잔을 팔아도 정성을 다하자는 생각으로 커피를 내려요. 그 1분 30초는 길면서도 짧은 시간이에요. 잠시 딴 생각을 하면 커피 맛이 엉망이 돼요. 그때는 버리고 다시 내리죠. 제 커피를 마신 분들이 커피에서 정성이 느껴진다고 하셨을 때가 제일 기뻐요."

아파트에 살 때는 차 소리에 잠을 깼지만 지금은 새소리에 잠을 깬다는 오복순 씨는 오전에 로스팅을 한다. 밤보다 습기가 없고, 밝은 그 시간대를 좋아하기 때문이다. 그녀는 로스팅에는 정답이 없다고 믿는다. 그래서 오직 자신의 감각을 믿으며 지역 실정에 맞는 로스팅을 한다. 원두커피에 맛을 들인 지역 주민들이 신선한 원두를 사 갈 수 있도록 거의 매일 로스팅을 하고, 신맛 나는 커피를 싫어히는 지역 주민의 정서에 맞추어서 로스팅 포인트를 잡는다. 그녀가 로스팅을 할 때 봄이면 나비가, 여름이면 개구리가, 가을이면 여치가, 겨울이면 고라니가 와서 구경을 하기도 한다.

저마다의 커피가 지닌 맛을 살리면서도 개성적인 맛을 지닌 커피를 만들기 위해 고심하며 로스팅한 커피를 내릴 때 오복순 씨는 가벼운 맛을 내야 하는 드립 아이스커피는 하리오 드리퍼$^{\text{Hario Dripper}}$(추출구가 한 개이고 물길을 내는 갈빗대가 나선형으로 긴 드리퍼)로 내리고, 다른 커피들은 칼리타 드리퍼로 내린다. 자신이 내려준 커피를 한 방울도 남김없이 다 마신 손님들의 빈 잔에 그녀는 맑은 물을 따라준다.

"녹차나 말차를 마실 때 다 마신 잔에 맑은 물을 담아 마시면 단맛의 여운이 확 돌아요. 그걸 백차라고 해요. 그걸 커피에 접목해 봤어요. 손님이 다 드신 커피잔에 맑은 물을 담아 드리면 그걸 드신 분마다 입에서 단맛이 난다고 말씀하세요."

더치 원액에 물을 팔팔 끓여서 넣는 특별한 더치커피를 맛보는 것 외에도, 사소하지만 특별한 경험을 할 수 있는 '매화마름'에 한 번이라도 갔던 사람은 연인이나 친구, 지인을 데리고 다시 그곳을 찾는다. 포도가 나는 철에는 포도를 덤으로 얻어먹을 수 있고, 고구마가 나는 철에는 삶은 고구마나 군고구마를 덤으로 얻어먹을 수 있어서 그곳의 단골이 되는 것은 아닐 테다. 애지중지 꽃을 가꾸는 오복순 씨의 예쁜 마음에 끌려서 그곳의 단골이 되는 것만도 아닐 터이다.

"커피는 정성이라고 생각해요.
하루에 한 잔을 팔아도 정성을 다하자는 생각으로 커피를 내려요.
제 커피를 마신 분들이 커피에서
정성이 느껴진다고 하셨을 때가 제일 기뻐요."

"생두를 수입해서 보관하는 어느 창고에 가 본 적이 있어요. 보관 상태가 엉망이더라고요. 얼었다 녹아서 곰팡이가 슬기도 하고……. 생두에 따라 맛이 70%나 달라지기 때문에 돈이 들더라도 좋은 생두를 구해 씁니다."

한 잔의 커피에 담을 수 있는 정성은 다 담으려고 노력하는 오복순 씨는 문을 열고 나가면 온 천지가 생명의 근원인 흙이 있는 곳에서 커피를 만든다. 그래서인지 맑은 공기가 커피 맛을 더 좋게 만드는 그곳에서 한 잔의 커피를 마시면 몸과 마음이 정결해진다.

'매화마름'의 매력에 흠뻑 빠졌던 나와 오복순 씨는 꼬불꼬불한 길을 걸어 나와 매화마름 군락지로 향했다. 오래 기다렸던 꽃을 만난다는 기대로 가슴이 한껏 부풀어서 말이다. 그러나 우리는 매화마름 꽃을 보는 순간 서로의 얼굴을 마주 보고 한껏 큰 소리로 웃었다. 걷잡을 수 없이 웃음이 터져 나온 건 바로 상상을 깬 매화마름 꽃의 크기 때문이었다.

"쥐똥만 하죠?"

오복순 씨가 웃으며 말했다.

"쥐똥보다 작은데요?"

카페 '매화마름'으로 다시 돌아오는 길에 우리는 가수 이상은의 노래 '삶은 여행'을 흥얼거리며 또 웃었다.

길손인 나에게 아침을 차려 준 카페 '매화마름'의 오복순 씨 마음 때문에 미소를 짓고, 카페가 그림처럼 예뻐서 방긋방긋 웃고, 매화마름 꽃 때문에 하하하 크게 웃은 하루였다.

맛에 대한 진실한 탐구가 가득한 커피 공간

# 바리스타 컴퍼니
Barista Company

즐겁다는 건,
즐길 수 있게 되었다는 것

　　　　　　라틴아메리카에는 커피 생산국이 많다. 멕시코, 과테말라, 엘살바도르, 코스타리카, 쿠바, 자메이카, 도미니크, 콜롬비아, 페루, 브라질……. 콜롬비아와 코스타리카 사이에 있는 파나마에서는 게이샤, 티피카, 카투라, 카투아이, 부르봉 등 다양한 아라비카종 커피가 생산된다. 그 양이 많지는 않지만 품질은 손꼽는다.

　파나마는 커피 재배에 완벽한 환경을 갖추고 있다. 커피 재배에 적합한 해발 1,500m 이상의 고도를 가진 산과 언덕이 많다. 땅은 비옥하다. 미네랄이 풍부하고 수분을 잘 보유하는 화산토양이기 때문이다. 연평균 기온 역시 18~28℃로 커피 재배에 적당하다. 커피나무가 광합성을 잘 할 수 있는 일조량도 풍부하다. 태평양과 대서양에서 불어오는 바람도 온화하다. 커피 재배지역의 연간 강우량 또한 2,500mm로 이상적이다.

　이 천혜의 자연 조건과 콤비를 이루는 것은 철저하게 이루어지는 커피의 품질 관리다. 주변의 커피 생산국에 비하면 커피의 생산량이 적기 때문에 생산과정을 체계적으로 관리한다. 자신의 노력에 정당한 대우를 받는 커피 농장의 농부들은 자체적으로 연구소를 두어 최상의 커피를 만들려고 노력한다. 그들 농장에서 출하되는 커피는 그 이력을 추적할 수 있는 시스템을 갖추고 있다. 그 커피가 어떻게 수확되고, 보관되고, 유통되었는지를 알고자 하는 사람에게 정확히 알려 준다. 그것은 곧 커피 생산자가 자신이 출하한 커피의 맛을 책임진다는 의미다. 그러니 결국 파나마 커피는 그 커피를 생산하는 이들의 자부심의 결실인 셈이다.

그 커피 산지에서 1년에 한 번 전 세계 커피 전문가들의 시음을 통해 최고의 커피를 뽑는 '베스트 오브 파나마'가 열린다. 그 대회를 통해 2004년부터 유명해진 커피는 다름 아닌 '게이샤'다. 그 커피 이름을 처음 듣는 이들은 일본의 전통 기생인 게이샤를 연상할 수도 있다. 입 안에 꽃 향기가 가득했던 기억만 남은 게이샤를 처음 대했을 때 나도 그랬다. 값은 비쌌지만 호기심 때문에 마셨다. 그러나 그 커피는 일본의 게이샤와는 아무런 연관성이 없다. 에티오피아 서남쪽 카파지역의 마지에 있는 게이샤 숲에서 자라던 커피 품종의 이름이니 말이다. 코스타리카를 통해 파나마로 전해진 게이샤를 유명하게 만든 곳은 바로 에스메랄다 농장이다.

어느 해인가 커피나무에 곰팡이 균이 확산되어 에스메랄다 농장이 있는 지역의 모든 커피나무가 죽었다. 대부분의 농장주들은 파산을 하고 농장을 떠났다. 그러나 에스메랄다 농장 주인 피터슨은 농장에 남아 그 어떤 재해에도 살아남을 수 있는 커피나무의 품종을 연구했다. 그러던 어느 날, 그는 농장 한쪽의 가파른 계곡에서 기적처럼 푸르게 살아 있는 몇 그루의 커피나무를 발견했다. 그는 야생의 강한 생명력을 지닌 그 커피나무들을 애지중지 돌보았다. 몇 년 뒤에 그 나무에서 수확한 커피를 '베스트 오브 파나마'에 출품하였고, 그 결과 1등의 영예를 안았다. 그때부터 게이샤는 커피 애호가들의 찬사를 한몸에 받는 커피가 되었다.

"커피 맛이 너무 황홀해서 컵 안에서 신의 얼굴을 보았다."

마이클 와이즈먼이 쓴 《신의 커피 God in a Cup》에 나오는 이 말은 미국의 버몬트에 있는 그린 마운틴 원두커피회사의 커퍼인 단 할리가 2006년 '베스트 오브 파나마'에서 1위를 한 게이샤를 시음한 뒤에 그 맛을 표현한 것이다. 한 잔의 커피가 주는 감동을 그처럼 절묘하게 표현한 이는 없을 것이다. 그를 황홀하게 만든 그 커피 역시 에스메랄다 농장에서 생산된 것이다. 그 커피는 그 농장의 이름을 따서 '파나마 에스메랄다 게이샤'로 불린다.

여기, 그 환상적인 커피 한 잔으로 옛사랑의 그림자를 지워버린 로맨틱한 청년이 있다.

"파나마 에스메랄다 게이샤는 꽃향기와 감귤 향기가 조화로워요. 그 커피는 이름까지 예뻐서 구애를 하기에 딱 어울린다고 생각했어요. 그래서 비싼 값에 그 생두를 구했지요. 제가 사랑한다고 믿은 사람한테 세상에서 가장 맛있는 커피를 손수 볶아서, 곱게 갈아서, 핸드드립으로 내려 주고 싶었거든요. 아마 제 욕심이 너무 컸나 봐요. 수망으로 정성껏 볶아서 정말 환상적인 커피를 만들었는데……. 결국 그 커피는 혼자 마셔야만 했어요."

그 아픔이 너무나 커서 그 뒤에는 게이샤를 볶지도 않고 마시지도 않았다지만, 게이샤 때문에 커피의 길로 들어선 그 멋진 청년은 바로 임한억 씨다.

그는 처음 만난 나에게 자신이 감명 깊게 읽었다며 《신의 커피》를 보여 주었다. 그 책의 뒤표지에 적힌 게이샤에 대한 단 할리의 찬사도 전했다. 그러면서 그는 말했다.

"사람들이 제 커피를 마시고 황홀감을 느꼈으면 좋겠어요!"

그런 커피를 만들겠다는 임한억 씨의 자부심은 실연의 상처를 치유하는 과정에서 만난 여자 친구에게 청혼을 할 때 한 언약을 통해서도 알 수 있다. 그녀에게 사랑을 고백할 때 그는 게이샤를 볶지 않았다. 그 대신 그녀와 함께 우암산에 있는 전망대로 갔다. 탁 트인 세상이 보이는 그곳에서 그는 여자 친구의 손에 반지를 끼워 주며 말했다.

"청주에서 가장 맛있는 커피 하는 카페를 만들게. 옆에서 지켜봐 줘!"

임한억 씨에게 커피는 그렇게 매번 인생의 새 장을 여는 특별한 매개가 된 셈이다.

커피의 길로 들어서기 전에 그는 무역회사 직원이었다. 그러나 다른 젊은이들처럼 카페 창업에 로망을 가지고 있었다. 커피 공부를 1년 정도 하면 창업을 할 수 있으리라 여기고 과감히 사표를 썼다. 그러나 그 준비기간은 무려 5년이나 걸렸다. 그는 커피 매장에서 2년, 경기도 평택에 있는 커피문화원에서 2년을 일했다. 그 다음에는 유명한 카페를 찾아다

커피는 사색의 시간을 제공하는 음료다.
그 시간은 걸어온 길과 걸어가야 할 길의 사이에서 중심을 잡도록 돕는다.

니며 안목을 넓혔다. 치밀한 준비 끝에 입지를 선정하고, 인테리어를 하고, 로스터를 들여 놓고, 그 공간에 꼭 어울리는 물품들을 구입했다. 그러고는 자신이 꿈꾸는 세계에 첫발을 내딛는다는 각오로 택일을 해 카페 문을 열었다. 그때가 2011년 1월 11일이다. 그 카페 이름은 '바리스타 컴퍼니Barista Company'다.

소가 누워 있는 형상을 하고 있어 와우산이라고도 불리는 우암산은 청주 시내를 한눈에 굽어볼 수 있는 곳이다. 청주에서 가장 아름다운 야경을 볼 수 있는 곳이기도 하다. 산바람과 새소리를 들을 수 있는 순환도로가 있기도 하다. 그곳으로 가는 길에 꼭 지나쳐야만 하는 데가 있다. 바로 수동 인쇄골목이다. 1980년대 후반부터 형성되어 400개가 넘는 기획사, 출판사, 인쇄소가 즐비하던 곳이다. 그러나 이제는 쇠락한 이미지만 남은 그 골목의 귀퉁이에 '바리스타 컴퍼니'가 있다. 짙은 하늘색과 엷은 노란색으로 채색된 그 건물은 흑백의 인쇄물과도 같은 다른 건물들과 대비를 이룬다. 이국의 낯선 도시에서 만나는 카페의 입간판처럼 건물 전체가 입간판으로 서 있는 것만 같다. 도시의 거무튀튀한 도로와 어울리듯 안 어울리듯 한 눈에 봐도 튀는 그 건물은 마치 요정이 사는 집 같다.

경제학을 전공한 임한억 씨가 철저한 사전 준비와 경험을 바탕으로 차고였던 곳을 개조해서 성공적인 창업을 이룬 그곳에 갔을 때 나는 생각했다. 사막을 건너는 사람들을 위로하려고 사막의 한가운데 '바그다드 카페'가 있었다면, 회색의 삶에 지친 사람들을 위로하려고 도시의 번잡

한 골목 사이에 '바리스타 컴퍼니'가 있는 것이라고!

생화가 꽂힌 두 개의 꽃병, 세 개의 의자, 여섯 개의 커피자루가 놓여 있는 '바리스타 컴퍼니'의 1층 바$^{Bar}$에 앉았을 때 임한억 씨가 말했다.

"날씨가 좋으면 코스타리카를 핸드드립해 드리려고 했는데, 비가 온다고 해서 일부러 묵직한 케냐를 준비했어요. 저는 개인적으로 코스타리카를 좋아해요. 날씨가 좋을 때 코스타리카를 내려 마시면 기분이 좋아져요. 커피의 신맛 때문에요. 커피의 기본적인 맛이 신맛이잖아요."

나는 그의 말을 들으며 일본의 카페들을 순례할 때 그곳의 커피들이 가지고 있던 공통분모를 생각했다. 그건 바로 신맛이었다. 그러나 신맛이 안 나도록 커피를 볶는 사람도 있다. 물론 그들을 나무랄 수는 없다. 맛의 선호도는 천차만별이니 말이다.

손님을 대접하기 위해 커피를 고르는 기준이 세심한 임한억 씨는 로스팅을 강하게 했기 때문에 약간 굵게 분쇄했다며 칼리타 동드리퍼를 이용해 커피를 내렸다. 40g으로 400cc를 내려 향을 먼저 맡은 뒤에 두 개의 잔에 나누어 담아 동행한 친구와 나에게 주었다.

"와! 진하고 부드러워요. 기분 좋은 쓴맛과 단맛이 동시에 느껴지고……."

케냐를 다 마시고 나니 입 안에 단맛만 가득했다. 피로가 확 풀렸다.

임한억 씨가 핸드드립을 할 때 유심히 보니 그는 커피의 첫물을 버렸다. 거기에 잡미가 있어서 버린다고 했다. 그러나 드립을 할 때 생긴 거품은 걷어내지 않았다. 거품도 맛을 내기 때문이라고 했다. 그래서 그는

"커피가 들어간 건 무엇이든지
다 만들어 드릴 수 있습니다.
물론 메뉴판에 없는 것도 말입니다."

핸드드립을 다 끝낸 뒤에는 그 커피를 주문한 사람에게 꼭 거품을 걷어 낼지 말지를 물어본다.

"커피는 내가 좋아하는 일이다."

임한억 씨가 커피에 대해 내린 정의다. 그는 로스터, 커피트레이너, 커퍼보다는 맛있는 커피를 내려 사람들에게 주는 바리스타인 것이 좋다고 했다. 그래서 그는 매일 열두 시간이나 가게를 지키면서 더 맛있는 커피를 만들 수 있는 길을 찾는다. 어떤 날은 에스프레소를 스무 잔이나 마시고, 또 어떤 날은 핸드드립 커피를 스무 잔이나 마신다. 그렇게 자신이 원하는 커피 맛을 찾기 위해 노력하는 동안 체중이 7kg이나 줄었다. 하지만 그는 자신의 카페를 찾아와 주는 사람들이 좋은 사람들이라 지금 이 순간이 가장 황홀하다고 말했다.

자신의 이름을 따서 '카페 한억'이라는 상호를 지으려다 열 명 중 아홉 명의 반대에 부딪쳤었다며 계면쩍게 웃는 임한억 씨는 카페 문을 열면 제일 먼저 '오늘의 커피'를 정한다. 아침마다 그는 싱글 오리진 에스프레소$_{\text{Single Origin Espresso}}$(한 종류의 원두만으로 만드는 에스프레소)와 블렌딩을 해서 뽑은 에스프레소를 마신다. 그런 뒤에는 핸드드립용 원두를 담아 둔 통의 뚜껑을 일일이 열어 향을 맡아 본 뒤에 가장 마음에 드는 것을 골라 한 잔 내려 마신다. 그렇게 세 잔의 커피를 마신 다음에 그는 칠판에 적힌 메뉴 중 두 개의 커피에 붉은색 분필로 별표를 친다. 손님이 오늘의 추천 커피가 뭐냐고 물으면 그 둘 중의 하나를 추천한다. 그가 커피를 파는 원칙에 따른다면 '오늘의 커피'는 그 카페에서 오늘 가장 근사한 맛을 내는 커피인 것이다.

평일에는 주변의 직장인이나 가족 나들이를 나온 사람들이 '바리스타 컴퍼니'를 즐겨 찾지만, 주말에는 젊은이들이 몰린다. 그들은 이 카페에 관한 단상을 냅킨에 깨알 같은 글씨로 메모를 해 두고 간다. 그들은 메뉴판에 있는 낯선 메뉴들을 보고 질문을 하곤 한다. 에스프레소 메뉴만 해도 무려 열한 개나 되기 때문이다.

"코르타도$^{Cortado}$는 스페인이나 포르투갈 혹은 남미에서 유행하는 커피예요. 뜨거운 우유와 에스프레소를 1:1로 섞은 거지요. 봄본$^{Bombon}$은 스페인어로 '사탕 같은 커피'라는 뜻인데, 그건 연유와 에스프레소를 1:1로 섞은 거예요."

'바리스타 컴퍼니'의 메뉴판은 가변적인 구도를 갖고 있었다. 카페를 열었을 때 가게를 찾은 손님들이 찍어준 사진이 일렬로 전시되어 있는 곳 밑에 메뉴가 적힌 칠판이 있었다. 그 칠판은 오른쪽이나 왼쪽으로 움직였는데, 그곳에 적힌 메뉴 역시 움직였다. 커피가 아닌 메뉴들은 메뉴판의 오른쪽으로 밀려났다. 그는 언젠가 커피가 한 방울도 섞이지 않은 것들은 메뉴판에서 완전히 밀어낼 것이라고 했다. 그런데 개업을 한 지 일 년이 넘은 지난 2012년 3월 1일에 그는 애초에 계획했던 일을 실행했다. 그는 커피를 제외한 음료를 메뉴판에서 다 없앤 것이다. 그 대신 그 빈 자리는 커피를 이용한 창작메뉴로 채웠다.

"컴퍼니 스타일 메뉴를 만들었어요. 바리스타 컴퍼니에서만 맛볼 수 있는 메뉴에요. 에스프레소와 잘 어울리는 재료를 이용해서 만들었지요.

카페 N은 에스프레소에 코코넛을 첨가한 것이고, 카페 A는 에스프레소에 아몬드를 첨가한 것이고, 민초민초는 에스프레소에 민트를 첨가한 것이고, 시몬시몬은 에스프레소에 시나몬을 첨가한 것이고, 레드아이는 드립 커피에 에스프레소를 첨가한 것이고……."

서울의 '전광수 커피 하우스'에서 일을 하던 분신 같은 동생 이창훈과 머리를 맞대고 개발했다는 그 메뉴에서는 청춘의 재기발랄함이 느껴진다. 한 번씩 다 마셔보고 싶을 정도다.

"특별한 건 손님들한테 전 메뉴를 다 디 카페인 커피로 만들어 드릴 수 있다는 거예요. 원하시는 경우는 싱글 오리진으로도 가능하구요. 주류를 제외하고는 커피가 들어간 건 무엇이든지 다 만들어 드릴 수 있습니다. 물론 메뉴판에 없는 것도 말입니다."

젊은이의 마음을 끄는 이색적인 메뉴를 많이 만들려고 노력하는 임한억 씨는 카페에서 중요한 것이 자유로운 분위기라고 말한다. 그래서인지 그의 카페에는 자유를 상징하는 바람이 드나드는 작은 문과 큰 문이 많다. 테라스와 이층과 바깥으로 통하는 여러 개의 문, 검은 몽돌이 깔린 길을 걸어가면 벽 속에 살짝 숨어 있는 문, 장난감 같은 꼬마 계단을 올라가면 또 열리기를 기다리고 있는 문……. 작은 탁자가 네 개 놓여 있는, 난쟁이들의 다락방 같은 2층의 창가에 놓인 세 개의 의지에 앉으면 누구나 동화 속의 주인공이 되고……. 그렇게 잠시라도 현실을 벗어나 자유롭게 꿈꿀 수 있는 공간이 바로 '바리스타 컴퍼니'다.

임한억 씨는 1.2kg짜리 프로밧으로 로스팅을 한다. 그가 로스팅을 하는 공간은 카페의 1층 안쪽이다. 그곳에는 사진관에나 가야 볼 수 있는 스트로브 조명등이 두 개 매달려 있다. 지인에게 개업선물로 받은 것이다. 로스팅을 할 때는 그 조명등을 환하게 밝힌다.

"프로밧이 제 커피를 만들어내지는 않는다고 생각해요. 그래서 기계의 명성에 의존하기보다는 경험과 감각에 의존하는 편이죠. 아마 많은 분들이 로스팅을 할 때마다 균일한 맛을 내려고 애쓸 거예요. 그런데 저는 같은 생두라도 매번 로스팅 포인트를 달리 합니다. 커피 맛을 일정한 틀 안에 가두어 두고 싶지 않거든요. 매번 변화된 맛을 추구하고 싶어요."

임한억 씨가 로스팅에 대해 열린 관점을 지니고 있다는 것을 아는 단골들은 아예 자신이 좋아하는 로스팅 포인트를 정해 두고 가기까지 한다.

"여자 친구 블렌드를 하나 만들어볼까 생각 중입니다. 사실 여자 친구 성격 같은 블렌드를 만들려면 대략 20여 종의 커피를 각각의 개성을 살려 20여 가지의 맛이 나도록 해야 할 겁니다."

은근슬쩍 약혼녀 자랑을 하는 임한억 씨의 말을 듣고 나는 한참이나 웃었다.

'바리스타 컴퍼니'의 커피 맛은 또 달라질 것이다. 임한억 씨가 달콤한 사랑에 빠졌으니 말이다. 나는 벌써부터 그가 만들 새 메뉴가 기대된다.

그는 자신 있게 말한다.

"바리스타 컴퍼니는 단 한 잔으로도 충분한 커피 전문점이 되고 싶습니다."

삶의 파도에서 한 발짝 물러서다

여유롭다는 건,

버리는 방법을 알았다는 것

　　　　　　　교항칼국수, 은빛학원, 수평선횟집, 뻥튀기세상, 똘똘이 건어물, 오로지 구이, 부자반점, 용꿈슈퍼……. 간판 하나를 쳐다보며 웃고, 몇 걸음 걷다가 또 소박한 간판 하나를 발견하고 웃고……. 시외버스에서 내려 갈매기와 바다를 만나러 가는 길에 벙긋벙긋 웃으며 느릿느릿 도착하게 되는 곳이 바로 주문진항이다. 그곳의 시장통에 커피숍 '쉼'이 있다.

　간판들을 보면 그 도시의 품격을 알 수 있듯이 그 가게의 내부를 보면 그 주인의 품성을 알 수 있다. '쉼'의 주방은 좁은 공간을 최대한 효율적으로 꾸며놓기도 했지만, 그 각각의 위치에 배치되어 있는 물품들이 너무나 질서정연해서 마치 상점의 진열대를 보는 것만 같다. 개수내 위의 유리잔들, 선반 위의 핸드드립 기구들……. 그것들만 보아도 이 가게의 주인이 참 깔끔한 성격의 소유자라는 것을 한눈에 알 수 있다.

선반에 놓여 있는 뚜껑이 푸른 유리병 속에는 잘 볶인 갈색의 원두가 들어 있다. 그런데 그 병들을 자세히 보면 숫자가 적혀 있다.

내가 그곳에 갔을 때는 이런 숫자들이 적혀 있었다.

4·3. 4·6. 3·29. 4·6. 3·28. 4·3.

4·10. 4·5. 4·5. 4·1. 4·10. 4·10.

"저 숫자들은 뭐예요?"

"그건 손님을 위한 게 아니고, 나를 위한 겁니다."

"네?"

'쉼'의 주인인 신일선 씨의 말에 나는 의아한 표정을 지었다.

"손님들이 여기 와서 '맛있는 커피 주세요!' 했을 때 최소한 볶은 지 일주일 이상 지난 것을 주기 위해 적어 둔 로스팅 날짜예요. 로스팅한 지 20일까지도 맛은 나와요. 물론 약하게 볶은 건 하루 이틀 더 가지만요. 그런데 18~19일 지나면 향기가 미세하게 떨어지더라고요. 그래서 볶은 지 15일 이상 지난 건 뺍니다."

"그럼, 그건 방향제로 쓰나요?"

"운 좋은 손님들이 향기를 얻어가지요."

나 역시 더 이상 원하는 맛을 얻을 수 없다고 판단되는 원두는 공기 중에 내어 놓고 방향제로 쓴다. 그 향기가 다할 무렵에는 냉장고에 넣어 탈취제로 쓰고, 그 뒤에는 분쇄해서 거름으로 쓴다. 커피는 버릴 것이 하나도 없는 열매인 것이다.

내가 커피숍 '쉼'을 발견한 것은 '쉼'이 필요해서 바다에 갔을 때다.

"운 좋은 손님들이 향기를 얻어가지요."
"바쁘지 않은 사람이 색다른 커피를 맛보게 되지요."

이상하게도 나는 생각을 정리할 일에 직면했을 때는 산책이나 산행을 하고, 심신에 기운을 채워야 할 때는 바다로 간다. 그때는 서해나 남해보다 동해를 택한다. 마음을 내려놓고 쉬기에는 달이 떠오르는 서해나 봄이 가장 먼저 오는 남해가 좋을지도 모른다. 그러나 해가 떠오르는 곳의 광휘로 맥을 청년처럼 뛰게 만들고 싶은 무의식에 지배당할 때는 늘 동해로 가게 된다.

내가 사는 원주에서 동해는 가깝다. 시외버스를 타면 강릉까지는 1시간 20분, 주문진까지는 1시간 40분이 걸린다. 그러니 당일 여행은 언제든 가능한 입지조건을 갖추고 있다.

그날도 역시 그렇게 훌쩍 떠났다. 주문진 항구에서 어부들이 갓 잡아온 해산물도 먹고, 바다도 보고, 괭이갈매기 울음소리도 들으려고 말이다.

그런데 그날 덤으로 두 가지를 더 얻었다. 하나는 어부들이 투망으로 잡은 학꽁치의 실물을 처음으로 본 것이고, 두 번째는 커피숍 '쉼'을 발견한 것이다.

"몇 년 전에 친구 집에 갔는데, 그림 넉 점을 말리고 있었어요. 친구가 저보고 한 점을 고르라고 했어요. 그런데 마음에 드는 게 없었어요. 다음에 가니까 석 점의 그림을 늘어놓고 또 한 점을 고르라고 하더군요. 그때 고른 그림의 제목이 '쉼'이었어요."

그는 화가인 친구 김 형에게 받은 그림을 자신이 평생 놀이터로 삼고 싶은 커피숍의 상호로 쓰고, 명함에도 썼다. 새하얀 구름이 떠 있는 파란 하늘을 배경으로 초록색 풀밭에 누운 이의 맨발이 상징적인……. 그 그림 속의 인물처럼 시간이 흘러가든 말든 상관하지 않고 한가로움을 누릴 수 있는 곳이 바로 '쉼'이다.

2인용 탁자가 여섯 개밖에 없는 작고 아늑한 공간의 주인인 신일선 씨는 자신에게 '쉼'을 선물한 친구의 그림들을 커피숍의 내부에 전시하면서 판매까지 겸하고 있다.

크기가 다르고, 색채가 다르고, 담겨 있는 이야기가 다른 마흔 점이 넘는 그 그림들이 선사하는 풍경 속으로 소풍을 떠나 마음에 쏙 드는 자리를 골라 편히 앉거나 벌렁 눕는 것도 이 커피숍에서 '쉼'을 얻을 수 있는 한 가지 방법일 테다.

"생업에 쫓기며 사는 일반인은 공연이나 전시회에 갈 기회가 많지 않습니다. 특히 여기는 시장통이라 더 그렇지요. 그래서 그림을 전시한 겁니다. 시장에서 일하는 사람들이나 여기 장 보러 오는 사람들이 커피 마시면서, 아니 꼭 커피를 마시지 않더라도 와서 쉴 수 있는 공간을 만들고 싶었거든요."

커피숍 '쉼'이 이색적인 것은 전시된 유화들 때문만은 아니다. 주인이 수염을 기르고 있기 때문도 아니다. 나무로 조각된 매끈한 남근상이 한쪽 구석에 서 있기 때문도 아니다. 손님의 70%가 젊은 여성인 것 때문도 아니다. 가게 문이 오전 11시에 열리고 밤 10시에 닫히는 것 때문도 아니다. 주인이 매달 첫째 주와 셋째 주 수요일에 가게 문을 닫고 전국의 커피 명장들을 찾아다니며 그들의 가르침을 몸에 익히는 것 때문도 아니다. 그것은 바로 체즈베 커피를 공짜로 얻어 마실 수 있기 때문이다.

물론 관광버스를 타고 가 주문한 커피를 종이컵에 담아 들고 쫓기듯이 나오는 사람은 그 행운을 누릴 수 없다. '쉼'에 자리를 잡고 앉더라도 휴대폰만 들여다보고 있는 사람 역시 그 행운을 누릴 수 없다. 동행한 이성에게 작업을 거느라 바쁜 사람 역시 그 행운을 누릴 수 없다. 시어머니 흉을 보느라 여념이 없는 며느리들 역시 그 행운을 누릴 수 없다. 뒷담화에 여념이 없는 사람들 역시…….

그럼, 과연 누가 일반 커피 몇 잔을 만들고도 남을 시간과 공을 들여야만 끓여낼 수 있는 체즈베 커피를 대접 받는 호사를 누릴 수 있을까?

초면이거나 혹은 구면인 커피숍 주인과 대화를 나누고 싶어 '쉼'을 찾는 사람들이 있다. 커피에 대해서든 그림에 대해서든 바다에 대해서든 실연에 대해서든……. 그런 대화를 시도하는 사람은 최소한 바삐 집으로 되돌아가야 할 사람은 아닐 것이다.

그런 이들에게 신일선 씨는 넌지시 묻는다.

"색다른 커피 한 번 드셔 보실래요?"

"색다른 커피요?"

상대방이 눈을 반짝대며 기대에 찬 표정으로 되물으면 신일선 씨는 빙긋 웃으며 휴대용 가스버너와 체즈베를 꺼내 온다.

체즈베$^{Cezve}$는 터키에서 커피를 끓여낼 때 쓰는 도구 중 하나이다. 일반 주전자와는 달리 주둥이와 뚜껑이 없고 기다란 손잡이가 달려 있는 것이 특징이다.

1555년에 시리아의 대상이 이스탄불에 들여온 뒤 '장기 두는 사람과 사색가들의 우유'라고 불리며 대중의 사랑을 받기 시작한 터키 커피는 체즈베에 분쇄한 커피와 설탕을 넣고 끓여 마시기 때문에 티스푼을 따로 쓰지 않는다. 더 흥미로운 것은 손님이 커피를 다 마신 다음에는 주인이 커피잔을 받침 위에 엎어놓았다가 남은 커피가 흘러내리면서 만든 무늬를 보고 손님의 운수를 읽어주는 관습이다.

'쉼'에서 쓰는 체즈베는 일반 커피용품점에서 파는 것과 다르다.

"일반 체즈베는 크기가 너무 작아요. 그래서 그릇 가게를 뒤져 이유식 만들 때 주로 쓰는 밀크팬을 샀어요. 쇠줄로 홈을 내서 커피를 잘 따를 수 있게 만들었죠."

신일선 씨가 1인분의 체즈베 커피를 만들 때는 20g의 원두를 쓴다.

기계로 분쇄한 커피를 커다란 체즈베에 바로 담은 뒤에 유기농 설탕을 두 스푼 넣는다. 하라르에서 커피에 꿀을 넣는 것을 보고 꿀맛 나는 설탕을 찾던 중에 먹어 본 유기농 설탕이 꿀맛이라 그 노란 설탕만을 쓴다.

우선 110cc나 120cc의 물을 준비한다. 그러나 처음에는 커피가 부풀어 올라도 부담이 안 되는 정도의 양만 분쇄한 커피를 담은 체즈베에 붓는다. 스푼으로 저어 커피가 물을 골고루 먹게 만든다. 그런 뒤에 다시 적당량의 물을 부어 더 세심하게 젓는다. 마치 초콜릿을 녹인 것처럼 될 때까지 말이다. 그 상태로 만든 체즈베를 휴대용 가스버너에 올려놓은 뒤에 불을 켠다.

신일선 씨는 체즈베 커피를 마시게 될 손님에게 말한다.

"제가 몇 번 끓이는지 세어 주실래요?"

커피가 한 번 끓을 때마다 신일선 씨는 체즈베를 불에서 내려 스푼으로 저어 거품을 가라앉힌다. 그런 뒤에 다시 불 위에 올린다.

"몇 번 끓었어요?"

"네 번이요."

신일선 씨는 체즈베에 든 커피가 바글바글 끓었다 식었다 하는 것을 몇 번이나 계속해야 체즈베 커피가 완성이 되는지 미리 알려 주지 않는다. 손님이 '과연 이 커피를 몇 번이나 끓일까?' 하는 호기심을 가지고 주인의 일거수일투족을 놓치지 않게 하기 위해서다.

주인 역시 체즈베 커피를 다 만들 때까지 체즈베에서 눈길을 떼지 않는다. 한순간이라도 한눈을 팔면 커피가 파르르 끓어 넘쳐 모든 것을 망치기 때문이다.

자신만을 주목하게 만드는 체즈베 커피는 '질투심이 많은 커피'가 아닐까?

"몇 번 끓었어요?"

"여덟 번이요."

"이제 마지막이에요."

체즈베를 불에 올렸다 내렸다 하며 무려 아홉 번을 끓이고 나면 더 이상 거품이 생기지 않는 맑은 상태가 된다. 그제야 신일선 씨는 80cc를 담을 수 있는 체즈베 커피 전용 잔에 커피를 따른다.

"와!"

"흠!"

"아, 맛있다!"

입에 착착 달라붙는 그 커피를 마시고 나면 누구든 맛있는 표정을 짓는다.

체즈베에 아홉 번이나 공들여 끓인 체즈베 커피를 공짜로 마시고 싶은 사람은 누구나 커피숍 '쉼'으로 가면 된다. 그러나 그냥 가면 절대로 그 커피를 얻어 마실 수 없다. '여유'라는 준비물을 꼭 챙겨서 가야 한다. 그러면 아마 사람의 마음을 잘 읽는 '쉼'의 주인은 이렇게 물을 것이다.

"시간 있으신가요?"

"왜요?"

"맛있는 커피 한 잔 드리려고요!"

'쉼'을 찾아온 사람들에게 커피를 통한 '쉼'을 선물하고 싶었던 신일선 씨는 고심 끝에 체즈베에 끓여 내는 체즈베 커피를 그 도구로 선택했다. 아직은 커피믹스에 익숙한 사람들이 친숙하게 마실 수 있는 것이 달고, 쓰고, 고소한 맛이라 여겼기 때문이다.

"체즈베에 끓이는 커피는 언제 먹어도 새로워요. 맛이 달콤하고, 사각거리기도 하고, 쓴 맛도 별로 안 느껴지고…… 맛있어요."

건축을 전공한 신일선 씨가 하던 일을 접고 사람들이 커피 한 잔을 마시며 쉴 수 있는 공간인 커피숍 '쉼'을 낸 때는 2010년 가을이다.

커피를 좋아해서 커피와 관련된 세미나를 다니던 중에 그는 일본의 대표적인 커피 로스터와 커피 그라인더 제작회사인 후지로얄Fuji Royal의 사장과 한국스페셜티커피협회의 임원들을 만나게 되었다. 커피 한 잔이

"가게 문을 열고 들어오는 순간
그 손님이 저랑 인연이 닿은 거니까
최대한 맛있는 커피를 드려야죠.
제 커피 드시러 오시는데 곰팡이 핀 거 하나라도
들어가면 안 좋잖아요.
그래서 핸드픽을 꼼꼼히 합니다."

지닌 불가사의한 힘을 믿는 그들이 맛있는 커피 한 잔을 만들기 위해 열정을 불태우는 모습을 보면서 그는 커피에 더 심취해갔다. 그때 인연이 되어 그에게 수망으로 커피 볶는 법을 가르쳐 준 사람이 있다. 강릉에서 '커피벨트'를 운영하는 최 혁 씨다.

'커피에 대한 열정과 애정이 대단하고, 마음이 맑은 사람'인 최 혁 씨에게 수망 로스팅(자루가 달린 프라이팬 모양의 철망에 생두를 넣고 불 위에서 직접 커피를 볶는 것)을 배운 신일선 씨는 집에 돌아와 한 번에 30분씩 걸리는 로스팅을 계속 시도했다. 그러나 투자되는 시간에 비해 볶을 수 있는 커피의 양이 너무 적다는 생각에 그릇 가게에서 육수통을 사다가 로스터를 만들었다. 그것도 너무 작다 싶어 다시 큰 육수통을 사다 또 로스터를 만들었다. 그러다가 '쉼'을 연 뒤에는 후지로얄에서 생산된 샘플 로스터를 쓰고 있다.

신일선 씨는 체즈베나 드립용 주전자는 물론이고 로스터도 튜닝을 했다. 가장 최적의 조건으로 커피를 볶을 수 있도록 미압계와 타이머를 장착했다. 그는 이렇듯 '쉼'에서 맛있는 커피 한 잔을 만들기 위해 쓰는 모든 물품을 세심하게 살펴 구매를 하고, 그 뒤에도 필요적절하게 튜닝을 한다. 맑고 깨끗한 시각적 효과뿐만 아니라 물이 끓는 것을 보면서 화력을 조절할 수 있어 유리주전자를 쓰기도 하고, 드립을 할 물의 온도를

재기 위한 온도계를 여러 번째 바꾸기도 하고……. 맛의 편차를 줄이려고 튜닝에 튜닝을 더한다.

"가게 문을 열고 들어오는 순간 그 손님이 저랑 인연이 닿은 거니까 최대한 맛있는 커피를 드려야죠. 제 커피 드시러 오시는데 곰팡이 핀 거 하나라도 들어가면 안 좋잖아요. 그래서 핸드픽을 꼼꼼히 합니다."

그는 아주 연한 커피는 12g으로 300cc, 연한 커피는 12g으로 200cc, 중간 농도의 커피는 17g이나 18g으로 200cc, 진한 커피는 25g으로 200cc를 내린다. 커피를 내릴 때 그는 하리오 드리퍼만 사용한다. 잘 다루기만 하면 물 빠짐이 좋아 원하는 맛을 잘 낼 수 있기 때문이다.

섬 같은 '쉼'에 가면 열네 가지의 커피를 판다. 그러나 진정한 쉼을 만끽할 수 있는 커피는 메뉴에 없다. 단, 주인에게 '커피 한 잔의 여유를 만끽할 수 있는 사람'이라는 인상을 심어 주기만 하면 그 누구든 분명 메뉴에 없는 체즈베 커피로 잊을 수 없는 '쉼'을 선물 받게 될 것이다.

커피와의 연애를 충동질하는 곳
# 커피 마시는 고래

보고 싶다는 건,

사랑에 빠졌다는 것

"연원을 알 수 없는 고래의 화석화된 주민등록증을 볼 수 있는 곳이 천전리 각석이야. 고대인들이 고래를 포획하는 거, 고래가 새끼 데리고 유유히 유영하는 거, 창에 맞아 잠수한 고래를 놓치지 않으려고 어부가 쪽배를 타고 나가는 거……. 그 이미지들은 보는 것만으로도 황홀해."

친구의 말을 듣고 나는 한국계 귀신고래까지 발견되어 더 유명해진 고래의 도시가 그리워졌다. 지구상에서 가장 큰 포유류이고, 모성이 강하고, 영물이고, 신비한 동물인 고래를 만나고 싶었다. 물론 암각화 속의 그 고래들은 다시 돌아오지 않을 것이다. 아니, 돌아오고 싶어 하지 않을 것이다. 오늘의 바다는 이미 그들이 살 수 있는 순수를 상실했으니 말이나.

그러던 어느 날, 그 고래들의 회귀에 대한 염원을 담아 상징적인 이름으로 문을 연 커피집이 있다는 소문을 들었다. 그리고 고래가 그리웠던 날,

나는 그곳으로 향했다. 원주에서 울산으로 가는 직행버스는 오전 11시에 출발하는 차가 첫차여서 아예 오전 7시에 고속버스를 타고 전라도 광주로 갔다. 거기서 다시 시외버스를 타고 울산으로 가 택시를 탔다.

커피를 마신 수염고래가 날숨을 쉴 때 등에서 거대한 분수처럼 내뿜는 커피향기에 환호하며 흠뻑 젖는 상상을 하는 사이에 나는 목적지에 도착했다.

우리나라에서 먼 옛날에 고래가 드나들던 강인 태화강변에 자리 잡고 있는 그 커피 볶는 집의 이름은 '커피 마시는 고래'다. 이곳으로 떠나오기 전에 몇 번 통화한 적이 있는데다 길을 묻느라 또 전화를 걸었더니 '커피 마시는 고래'의 로스터인 김수아 씨가 길에 나와 나를 기다리고 있었다. 나처럼 짧은 머리를 한 중성적인 매력을 물씬 풍기는 그녀는 쾌활한 사람이라는 인상을 주었다.

김수아 씨를 따라 '커피 마시는 고래' 속으로 들어가니 그곳의 오른쪽 벽에서도 바위에 새겨진 고래들이 나를 반겼다. 나는 그 반구대암각화 속의 고래들에게도 인사를 건넸다.

"커피 향 좋지?"

고래들은 내 말에 공감한다는 듯이 일제히 날숨을 내뿜었다. 나는 커피의 향기에 흠뻑 젖었다.

"선생님 오신다고 해서 아침에 블루마운틴 맛있게 볶아놨어요."

"어떻게 블루마운틴이 다 있어요?"

"여기 같이 운영하는 수진 언니 남편의 외삼촌이 자블럼코리아 대표

오랜 꿈이 농밀하게 익어가는 곳,
그곳에 비밀스럽게 간직된 블루마운틴의 향기가 흐른다.

고, 자메이카 마비스뱅크 커피농장 소유주예요. 그래서 블루마운틴 생두를 손쉽게 구할 수 있어요."

나는 바$^{Bar}$에 앉았다. 수아 씨가 분쇄한 블루마운틴의 향을 맡아보라고 내놓았다. 온몸이 향긋해지는 느낌, 온몸이 달콤해지는 느낌이 들었다.

그녀가 정성을 쏟아 핸드드립한 커피를 잔에 담아 주는 순간, 나는 탄성을 질렀다. 겉은 푸른빛이나 속은 황금빛인 그 잔에 넋을 잃었기 때문이다. 잔에 담긴 고고한 블루마운틴의 빛깔에도……

한 잔의 커피를 앞에 두고 나는 영상이나 사진으로만 본 자메이카 블루마운틴을 떠올렸다. 강렬한 태양빛이 바다의 푸른 빛깔을 반사시켜 섬 전체가 바다로 보인다고 해서 붙여진 그 블루마운틴 말이다.

황금을 칠한 잔에 담긴 블루마운틴은 여태껏 마셔본 블루마운틴과는 그 색깔부터 달랐다. 진한 느낌, 맑은 느낌, 투명한 느낌이 동시에 드는 그 색깔은 마치 너무나 많은 이야기를 담고 있는 눈 같았다. 깊고, 깊고, 깊은……

"기존의 커피 하는 분들과 제 커피는 색깔이 완전히 달라요. 보통 블루마운틴은 시나몬이나 시티 로스팅을 하시는데 저는 시티를 넘어가서 풀시티의 문 앞에서 배출했어요. 완전히 다르게 시도한 거예요. 커피가 가지고 있는 맛을 해치지 않는 범위에서 단맛 있게 나가려고요."

김수아 씨는 블루마운틴에 감탄하는 나를 보며 '입을 즐겁게 하는 커피를 만들고 싶다'는 자신의 생각을 힘차게 쏟아냈다. 그는 마치 청중을 압도하는 연사 같았다. 그녀가 발산하는 커피에 대한 열정은 커피보다 더 뜨거웠다.

그녀가 만든 블루마운틴은 정말 특별했다. 상큼한 신맛보다 달콤한 느낌이 더 강했다. 마치 곱게 분쇄한 레드 다이아몬드에 반사시킨 빛을 마시는 것만 같았다.

"일반 커피잔에 마시면 블루마운틴이 지닌 대견한 맛이 금방 식잖아요. 블루마운틴을 마시는 사람의 기분도 살려 주고, 커피도 살려 주려고 토림공산요 김영호 선생님께 특별히 부탁을 드려서 금잔을 만들었어요."

우리나라에서 도자기를 빚을 때 바르는 유약에서는 원적외선이 나온다고 한다. 그 잔에 커피를 담으면 맛이 부드러워진단다. 그래서 김수아 씨는 '커피 마시는 고래'에서 쓰는 모든 커피잔을 김영호 선생의 작품으로 마련했다. 드립 커피는 입술에 닿는 느낌이 깔끔해야 해서 선을 날렵하게 만들었고, 에스프레소는 묵직한 느낌을 줘야 해서 그것을 담는 잔은 두터우면서도 둥근 느낌이 나게 제작했다. 이곳의 일반 커피잔들은 모두 달빛처럼 은은한 여운이 남는 백자다.

그뿐만이 아니다. 더치커피나 아이스커피를 담는 유리잔 역시 이중으로 된 것을 쓴다. 잔을 잡는 손의 온도와 실내의 온도 때문에 잔에 든 얼음이 빨리 녹아서 애초의 맛을 잃지 않도록 세심하게 배려를 하는 것이다. 그러니 '커피 마시는 고래'에서는 커피를 시켜 놓고 아무리 수다를 떨어도 커피 맛이 희석되는 일은 없을 것이다.

김수아 씨에게 커피집을 경영하는 이 모든 지혜를 스스로 깨우치게 만든 이는 바로 그녀의 커피 스승인 남욱현 씨다. 김수아 씨가 스승을 처

음 만난 것은 지성으로 간병하던 어머니를 다른 세상으로 보내고 마음이 아릴 때였다. 청송의 삼자현 휴게소에 들른 그녀는 'Coffee&Coffee'에서 겉멋을 부리느라 아메리카노를 마셨다. 자동머신으로 추출한 그 커피를 한 모금 마시는 순간 '원두커피가 이렇게 맛있구나!' 하는 것을 느꼈고, 그때부터 커피에 대해 관심을 갖기 시작했다고 한다.

'삼성SDI'에서 핸드폰 액정 만드는 섬세한 일을 12년째 하던 그녀는 주말이면 청송으로 달려갔다. 그곳에서 맛있는 커피를 마시고, 또 마시고……. 커피에 대한 이야기를 나누고 또 나누고……. 그렇게 2년을 보냈을 때 김수아 씨는 생각했다. '이렇게 맛있는 커피를 나만 먹지 말고 다른 사람에게도 먹여야겠다'고. 그때 남욱현 씨는 단호하게 말했다.

"너는 아직 커피를 사랑하는 사람이 아닌 거 같아!"

그 핀잔을 들은 김수아 씨는 알 수 없는 부끄러움을 느꼈다.

스승은 무심한 듯 덧붙였다.

"커피에 대해 알았으면 경영에 대해 알아야 하는데……. 어떤 잔에 커피를 담을래? 어떤 커피를 쓸래? 얼음은 어떤 걸로 얼릴래?"

끝도 없는 스승의 질문에 단 한마디도 제대로 된 답변을 하지 못한 김수아 씨는 다시 커피 공부를 시작했다. 그제야 스승은 아주 세부적인 것들을 스스로 찾아서 비교하고 선택하도록 가르쳤다.

"가장 맛있는 에스프레소를 내릴 수 있는 기계를 찾아봐라!"

"단단한 얼음 어는 기계를 찾아봐라!"

"……!"

김수아 씨는 스승이 한마디씩 던질 때마다 그 질문에 가장 적합한 답을 찾기 위해 골몰했다. 그렇게 또 1년을 보낸 2011년 4월 11일, 드디어 다섯 개의 탁자를 놓고 '커피 마시는 고래'의 문을 열게 되었다.

김수아 씨가 주력하는 것은 에스프레소다. 그래서 그녀는 부드럽고, 입에 꽉 차는 느낌이 부족한 커피를 만든다고 생각하는 반자동 에스프레소 머신 대신에 자신이 원하는 맛을 낼 수 있는 완전수동 에스프레소 머신을 쓰고 있다. 에스프레소 머신 중에서는 가장 높다는 13기압으로 28초 만에 에스프레소를 추출한다. 한 잔은 버리게 되더라도 그녀는 14g의 원두로 투 샷을 뽑는다. 에스프레소의 일반적인 블렌딩에는 다섯 종류의 원두를 쓰고, 기교를 부린 블렌딩에는 일곱 종류나 여덟 종류의 원두를 쓴다.

"에스프레소용은 풀시티까지 가요. 강배전하면 부드럽기 힘들지만, 그 대신 부드러움을 강조하기 위해 블렌딩에 힘을 써요. 맛의 강함과 약함은 로스팅에서 끝낸 상태기 때문에요."

김수아 씨는 블렌딩을 했을 때 원하는 맛이 아니어서 원두를 버리는 한이 있더라도 실험을 계속한다. 한 종류의 커피를 다양한 방식, 다양한 볶음도로 볶아 본다. 그러고는 그 볶음도 별로 맛있는 걸 찾아 기억해 둔다. 그런 방식으로 맛의 최고치를 찾아 블렌딩을 하는 것이다.

로스팅을 한 각 원두를 단품으로 내려 맛을 보았을 때 '괜찮네!', '맛있네!'라는 첫 느낌이 들어야 김수아 씨는 그 원두를 블렌딩에 쓴다. 커피라는 것은 그런 첫맛을 느낀 다음에라야 향도 느끼고, 커피에 숨은 신비한 맛들을 다 느낄 수 있다고 생각하기 때문이다.

"커피를 마셨을 때 산뜻한 느낌, 화사한 느낌이 드는 게 좋아요. 그런데 열풍으로 볶았을 때 제가 원하는 맛을 낼 수 있더라고요. 그래서 저는 열풍식 로스터인 '에쏘'로 로스팅을 해요."

김수아 씨가 선택한 에쏘의 롤 모델로 알려진 것은 그녀의 스승인 남욱현 씨가 우리나라에서 최초로 독일에서 수입을 한 로스터인 프로밧 12kg짜리라고 하니 그 인연 또한 놀랍다.

에쏘를 가지고 로스팅을 하는 그녀의 모습은 마치 실험실의 과학자 같다. 그녀는 과학적인 방식과 감각적인 방식을 합쳐서 최고의 맛을 내는 로스팅 포인트를 찾으려 한다. 커피집마다 각각의 색깔이 있는 커피 맛이 중요하다고 생각하는 그녀. 그렇기에 '커피 마시는 고래'에서는 고래가 커피를 마신다는 발상만큼이나 개성적인 커피를 내고 싶어 노력에 노력을 더하는 것이다. 그럼에도 불구하고 그녀는 늘 자신이 만든 커피 맛 중 10%는 성에 차지 않는다고 했다. 그래서 아직도 끊임없이 공부를 한다. 쉬는 날이면 청송으로 달려가기도 하면서 말이다.

김수아 씨가 달려가는 곳은 'Coffee&Coffee'뿐만은 아니다. 그녀는 일주일에 한 번씩 백년사라는 절에도 간다. 어머니의 위패를 모신 그 절에 가서 비구니 스님들께 원두커피를 핸드드립해 드린다. 그 절의 스님들은 '수요일은 수아데이'라면서 김수아 씨가 향기로운 커피를 내려 주는 날을 고대한다.

김수아 씨가 브라질, 예가체프, 시다모, 탄자니아, 파푸아뉴기니, 코스타리카, 과테말라 혹은 케냐 커피로 블렌딩을 해서 내는 하우스 커피의 이름은 '커마고'다. '커피를 마시는 고래'의 머리글자로 대표 블렌딩 커피를 만든 것이다. 커마고는 '커피 마시는 고래'의 또 다른 얼굴, 또 다른 간판인 셈이다.

"커피는 여성이 마시는 음료예요. 그래서 부드럽고, 상큼하고, 깔끔하게 만들어야 해요. 커피는 입 안에 들어올 때도 부드럽고, 목으로 넘어갈 때도 부드럽고, 쓴맛 뒤에 남는 여운도 부드러워야 해요. 저는 사람으로 치면 A형의 커피를 만들고 싶어요."

김수아 씨의 커피에 대한 철학이 핸드드립 안에 담겨 있기 때문일까? 그녀가 만든 커피를 마시러 오는 사람의 70%는 30대 후반의 여성이다. 부드러움과 달콤함을 절대적으로 필요로 하는 연령대의 사람들이다.

'커피 마시는 고래'에 한 번 왔다가 그 고래에게 반해버린 마니아들 중 한 명이 어느 날 김수아 씨에게 이렇게 말했다.

"집에 가면 짜증나요!"

"왜요?"

"여기 커피 생각나잖아요!"

자신의 커피를 그리워하는 사람들 말을 들을 때마다 김수아 씨는 마냥 웃음을 짓는다.

"저, 오늘 여기 와서 커피 마시길 너무 잘했어요. 정말로 오늘 너무 행복해요."

커피 마시는 고래처럼 커피를 마시고 '맛있다'는 상태를 넘어서서 '행

"커피는 여성이 마시는 음료예요.
그래서 부드럽고, 상큼하고, 깔끔하게 만들어야 해요.
저는 사람으로 치면 A형의 커피를 만들고 싶어요."

복하다'고 말하는 사람들을 만날 때마다 김수아 씨는 쌓인 피로를 허물고 행복을 쌓는다.

"나이가 들면 감각이 둔해지잖아요? 커피를 마실 때마다 이 맛이 달라지면, 미각을 잃으면 어떻게 하나 생각하곤 해요. 그때는 커피집을 못 하겠지요. 내가 만족스러운 미각을 지킬 수 있을 때까지 커피집을 하고 싶어요."

사람들에게 사랑 받는 커피집의 기본 조건은 '정직'이라고 말하는 김수아 씨는 다른 것은 잃더라도 단골만은 결코 잃고 싶어 하지 않는다. 자신이 만들어 주는 것을 맛있게 먹고, 행복해 하고, 많이 사 가는 우수고객도 물론 중요하다. 그러나 자신이 만든 커피에 담긴 마음을 알고 찾아오는 사람들이 더 중요하다. 그들의 이름은 단골이다. 커피를 마시러 돌아온 고래들의 다른 이름이다.

꿈과 약속이 자라는 커피 공간

# 마이 브라운 노트
My Brown Note

대구광역시 서구 내당2·3동 949-2 | 여동건 070 7591 0986

기다릴 수 있다는 건,
내일을 기대한다는 것

팀 버튼 감독이 만든 〈빅 피쉬Big Fish〉란 영화가 있다. 국내에서 개봉된 그 영화의 포스터를 보면 '빅 피쉬'라는 글자 위에 가지가 무성한 나무가 자란다. '빅'과 '피쉬'라는 글자 사이에는 어디론가 이어진 길이 나 있다. 그 길 위에 한 남자가 서 있다. 그 남자를 따라 걸으면 어느새 우리 삶의 필수영양소인 판타지의 세계로 들어가게 된다.

마치 영화 속 판타지의 세계로 들어가는 것처럼, 그 동네의 길을 따라가다 보면 작은 카페 하나를 만날 수 있다. 그 카페를 찾는 것은 어렵지 않다. 갈색의 원두가 담긴 상자에 삽이 꽂혀 있는 오브제가 건물 외벽의 나무판자에 붙박여 있는 집을 찾으면 된다. 오브제의 오른쪽 밑에는 '마이 브라운 노트My Brown Note'라는 상호가 적혀 있고, 그 위에는 배구공처럼 둥글고 새하얀 조명등이 매달려 있다. 그곳에서 오늘도 판타지를 만들어 내는 사람은 여동건 씨다.

"커피 빌리지를 만드는 게 꿈이에요. 그곳에 화가들이 작업할 수 있는 작업실도 만들고, 목공실도 만들고, 공방도 만들고 싶어요. 그 마을 한가운데는 빅 피쉬에 나오는 것처럼 큰 나무를 심고 싶어요. 그 나무 그늘 아래서 커피를 사랑하는 사람들과 커피 파티를 하고 싶어요."

그 카페의 실내에는 실제로 커다란 나무가 한 그루 있다. 그 나무는 광합성을 하지 않아도 매일 쑥쑥 자란다. 그 나무를 키우는 영양분은 다름 아닌 꿈이다. 그것은 나뭇잎처럼 나뭇가지에 무성하게 매달려 있다.

"이 나무의 이름은 '약속과 희망'이에요. 매년 1월 1일부터 1월 30일 사이에 여기 오는 손님들한테 쪽지를 나눠준 뒤에 다시 받아요. 손님들은 그 쪽지에 자신만의 필체로 그해에 꼭 지키고 싶은 약속을 적어요. 자기 자신에게 지키고 싶은 약속을 적기도 하고, 타인에게 지키고 싶은 약속을 적기도 해요. 자신이 그해에 이루고 싶은 소망을 적기도 하고요. 그 꿈들을 나무에 매다는 겁니다."

1월은 이미 지났지만 나도 그 꿈의 세계에 입장하고 싶어 명함보다 조금 큰 쪽지를 한 장 받았다. 거기에 한 가지 약속과 한 가지 소망을 적었다.

"네가 울 때 같이 울어 줄게!"

"히말라야 트레킹 하기!"

그날부터 나는 언제 어디서든 그 나무를 생각한다. 이 지상에 남은 마지막 순수라고 친구가 말한 히말라야의 눈 쌓인 봉우리를 바라보며 하루 종일 산길을 걷는 내 모습을 상상한다. 그 덕분에 하루하루를 살아 내는 일이 덜 힘들다. 아마 '마이 브라운 노트'의 그 나무에 자신의 꿈을 접붙여 놓은 사람이라면 누구나 다 나처럼 기운이 날 것이다. 그 꿈으로부터 고단한 하루하루를 헤쳐 나갈 자양분을 수혈받을 테니 말이다.

"마이 브라운 노트가 세상에 태어날 수 있었던 건 한 친구가 제게 선물한 꿈 때문입니다. 제가 이혼을 했을 때 무척 힘들었어요. 잘못 살았다는 느낌이 들어서 우울증에도 빠지고……. 희망을 가지려고 해도 잘 안 되었어요. 보다 못한 어머니가 그러셨어요. 돌배기 아들 키워 줄 테니 눈에 안 보이는 곳에 좀 가서 있으라고요. 그래서 거제도로 갔어요. 거기서 뭐 할 거 있나 싶어서요. 거기 요안이라는 친구가 있었거든요. 사나흘 지났을 때 친구가 그랬어요. 옥포에 작은 카페가 있으니 거기 가서 커피나 마시자고요. '레몬 트리'라는 아주 작은 카페였어요. 창문이 약간 높은 곳에 있었는데, 햇빛이 들어오는 모습이 너무나 인상적이었어요. 넋을 잃고 그 찬란한 햇살을 바라봤지요. 제 마음도 그처럼 환해지길 바랐었나 봐요. 주문한 카푸치노가 나왔어요. 그걸 보고 친구가 그랬어요. 동건아, 이런 거 한번 해 보면 어떻겠노? 동건아, 네가 이런 거 하면 잘하겠다! 그 말을 듣고 정신이 번쩍 났어요. 저에게 희망을 주는 말을 2년 만에 처음 들었거든요."

"그 친구의 애정 어린 말 한마디가 인생의 새 장을 열어 주었네요?"

"제 인생에서 비극이 막을 내리고 희극이 막을 올릴 수 있었던 건 바로 제게 용기를 준 그 친구의 말 한마디 덕분이었죠. 가슴에 꿈을 품고 나니 어둡기만 하던 세상이 좀 밝게 보였어요. 대구로 돌아오자마자 제가 태어나서 자란 동네의 실가에 작은 가게를 얻었어요. 그리고 커피 공부를 시작했지요. 그때가 2007년 3월이에요."

"인테리어가 무척이나 독특해요! 꾸미느라 시간도 걸리고 고생도 하셨겠는걸요?"

"톱과 망치만 가지고 홀로 공사를 시작했어요. 제가 마음속에 그리는 모습대로 카페를 만들고 싶었거든요. 그런데 사실 그전까지만 해도 제가 못 한 번 박아 보지 않은 사람이었어요. 그러니 공사가 마음먹은 대로 척척 진척이 될 리가 없었죠. 한계에 부딪혀서 또 낙망을 했어요. 공사를 쉬고 대여섯 달 동안 여행을 했어요. 다른 카페들을 둘러보고 다녔죠."

"어느 카페가 가장 인상적이었나요?"

"오사카에 갔을 때였어요. 제가 자전거 타고 낯선 골목길 가 보는 걸 좋아해요. 그때도 자전거 타고 나갔다가 우연히 발견한 카페가 있었어요. 텐노지天王寺에서 발견했는데 '커피 마켓'이라는 카페였어요. 거기 들어가서 만델링을 마셨어요. 나도 사람들한테 행복을 주는 이상적인 카페를 만들어야겠다는 꿈에 부풀어 있을 때라 그런지 커피 맛이 환상적이었어요. 제가 방황하던 시절 거제도 레몬 트리에서 커피 마실 때와 똑같은 느낌을 받았어요. 그 커피는 제 얼굴을 상기시키고, 심장을 뛰게 했죠. 그때 그 커피 사진을 찍어왔습니다. 잊을 수 없는 그 커피로 첫 번째 고객카드를 만들었어요."

2007년 12월에 문을 연 '마이 브라운 노트'를 특별하게 만드는 것 중

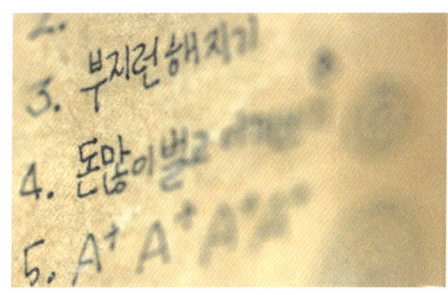

마이 브라운 노트에 있는
'약속과 희망'의 나무.
가지마다 이곳을 찾은
손님들의 약속과 꿈이 열려 있다.

의 하나가 바로 이색적인 고객카드다. 고객카드의 뒷면은 여느 카페의 것과 다를 게 없다. 커피를 한 잔 마실 때마다 열 개로 분할된 네모난 칸에 스탬프를 찍어 주는 것이다. 열 개의 칸이 다 차면 커피 한 잔을 공짜로 주는 것도 다르지 않다. 그러나 고객카드의 앞면은 전혀 다르다. 다른 카페처럼 그 카페의 상호가 평범하게 인쇄되어 있지 않다.

그 고객카드는 대부분의 고객들이 자신의 지갑 속에 넣어 갖고 다니지 않는다. 마치 정표情表처럼 '마이 브라운 노트'에 두고 다닌다. 커피를 마신 몸은 떠나도 그 마음은 카페에 남아 있고 싶다는 증표證票인 듯 말이다. 그것은 카페의 주방 앞에 있는 바$^{Bar}$ 위에 놓인 상자에 빼곡히 꽂혀 있다. 나는 호기심이 발동하여 그 카드를 한 장씩 꺼내 보았다. 아홉 개를 구경했다. 모두 얼굴이 달랐다.

시작$^{Begin}$/ 달리다$^{Run}$/ 여름, So cool!/ Travel/ Lego fun/ Bean Roast/ 손님/ 다양성$^{Variety}$/ 안건, 일정, Agenda.

"고객카드마다 다 다른 이야기가 깃들어 있나 봐요. 이 고객카드에는 어떤 사연이 숨어 있나요?"

"그건 아홉 번째로 만든 고객카드예요. 카페를 시작한 지 5년 정도 되니까 타성에 젖는 부분도 있고, 뭔가 전환점이 필요한 부분도 있고……. 카페 초창기에 커피가 희망이던 저한테 한 약속을 되새기고, 저를 재무장하는 느낌을 담아 Agenda란 이름을 붙였어요."

"가게는 잘 되었나요?"

"사실 큰 희망을 품고 가게를 열었는데, 한동안은 잘 되지 않았어요. 그래서 조바심이 났어요. 손님이 없는 가게에 앉아 창밖으로 오가는 사람들만 바라보았어요. 그러다가 벌떡 일어서서 다짐을 했어요. 포기하지 말자! 이제 시작이다! 그날, 저 자신을 격려하는 의미를 담아 고객카드를 만들었어요."

카페의 마스코트인 커피 로봇 그림을 담아 만든 것이 두 번째 고객카드다.

다섯 번째 고객카드는 동심처럼 유쾌하게 웃자는 뜻을 담아 만들었다. 일곱 번째 고객카드는 디자인을 전공한 손님이 만들었다. 손님이 만든 고객카드는 그것이 처음이자 마지막이다. 여덟 번째 고객카드는 커피가 권력화되거나 무기화되지 않고 그저 사람이 서로 소통하고 마음을 나눌 수 있는 매개체가 되기를 간절히 바라는 마음을 담아 만들었다.

그 고객카드들은 유효기간이 없다. 벌써 6년째 보관 중인 고객카드도 있을 정도다. 그곳에서 한 번 한 약속은 그렇게 세월이 흘러도 변하지 않는다. 아마 고객카드에 깃들어 있는 이야기만 풀어도 '마이 브라운 노트'의 자서전이 될 것이다.

"제 전공이 회화예요. 노트도 그렇고, 스케치북도 그렇고, 여백을 채우면 자기 색깔이 되잖아요. 'My Brown Note'에서 'my'란 '나'만이 아니고 '누구든'이에요. 누구든 자기만의 색깔을 채울 수 있다는 뜻이죠."

절박한 심정으로 커피집 문을 열던 그 시절에 여동건 씨는 자기 삶의

여백을 오로지 커피 색깔로만 채우고 싶었다. 그 색깔이 잃었던 입맛을 찾아 주고, 잃었던 미소를 찾아 주고, 잃었던 희망을 찾아 주기를 바랐다. 그에게 커피 색깔은 행복의 색깔과 같았던 것이다.

그 간절함으로 여동건 씨가 자신이 좋아하는 레고를 조립하듯이 하나하나 짜 맞춘 '마이 브라운 노트'는 마치 시골 동네의 점빵(여동건 씨는 표준어인 '점방'보다 사투리이지만 친근한 느낌의 '점빵'으로 불리길 원했다.) 같다. 만물상처럼 없는 것이 없어서 문을 열고 들어서기만 하면 이것저것 구경하는 재미에 시간 가는 줄 모르는 곳 말이다.

사실 '마이 브라운 노트'에 가면 상호 위에 '아주 작은 커피 점빵'이라는 글씨가 적혀 있다. '점빵이라는 말의 어감이 좋다'는 여동건 씨는 자신의 카페가 어린 시절 추억 속의 점빵처럼 오래 머물러도 편하고, 잠시 머물러도 행복한 공간이 되기를 바란다. 그의 바람처럼 그 카페의 문을 열고 들어간 사람은 누구든 그 공간의 주인이 된다.

"유럽에 가 보면 카페의 주인은 그 카페를 찾는 사람들이지 않습니까? 이 작은 커피 점빵도 그랬으면 좋겠어요. 이곳을 찾는 분들이 진정한 주인이 되어서 이 공간을 향유하셨으면 좋겠어요."

그래서인지 그 작은 커피 점빵의 주인은 언제나 그림자처럼 조용하다. 그러나 소통을 희망하는 이에게는 언제나 조곤조곤 그이가 듣고 싶어 하는 이야기를 들려준다. 그런 그는 꼭 지상에 실재하는 어린 왕사 같다. 진심을 나눌 친구가 필요한 존재에게 그런 친구가 되어 주는 그 순진 무구한 영혼 말이다.

그 작은 커피 점빵은 눈에 잘 띄는 곳이나 눈에 잘 띄지 않는 곳이나 이야기를 간식한 소품들로 빼곡하다. 자신이 좋아하는 것을 열광적으로 수집을 하는 사람의 방처럼 말이다. 아톰 인형, 여러 개의 병으로 만든 화장실, 마이 브라운 노트의 마스코트 커피 로봇……. 이리저리 두리번거리다 올려다본 천장에는 어린 왕자와 비행사가 나누는 대화가 불어로 적혀 있다. 탁자가 여섯 개뿐인 공간이지만 그곳은 마치 알라딘이 들어갔던 동굴처럼 의미 있는 것들로 가득하다.

그 마법의 동굴을 찾는 사람 중에는 동네의 아이들도 많다.

나도 그곳에 갔을 때 한 어린 친구를 사귀었다. 손가락을 다섯 개 펴서 자신의 나이를 알려 준 그 아이는 서슴없이 내 곁으로 다가왔다. 그리고는 이규린이라고 삐뚤빼뚤한 글씨로 자신의 이름을 적고 하트 문양을 그려서 나에게 선물로 주었다. 그곳에서는 그렇게 누구하고든 허물없는 친구가 된다.

그곳에는 '오늘의 커피'가 없다. 탄자니아가 잘 볶였다고, 도미니카가 잘 볶였다고 그것을 손님에게 권하지 않는다. 그러나 그곳에는 '오늘의 커피'가 있다. 오직 그 손님만을 위해 즉석에서 만들어 주는 오늘의 커피 말이다.

단골이 아닌 손님이 와서 오늘 권하고 싶은 커피 없냐고 물으면 여동건 씨는 이렇게 되묻는다.

"산미 있는 커피를 좋아하나요?"

"향미 있는 커피를 좋아하나요?"

'My Brown Note'에서 'my'란 '나'만이 아니고 '누구든'이에요.
누구든 자기만의 색깔을 채울 수 있다는 뜻이에요.

"강하게 볶은 커피를 선호하나요?"

"약하게 볶는 커피를 선호하나요?"

여동건 씨는 손님하고 몇 번 대화를 나눈 뒤에 그 사람한테 안성맞춤인 커피를 만들어 준다. 그는 그렇게 커피를 통한 교감을 무척이나 중요하게 여긴다.

커피를 만드는 사람 입장에서 좋은 생두를 쓰고, 핸드픽Hand Pic(생두나 원두 중에서 커피의 맛에 안 좋은 영향을 미칠 수 있는 결점두를 골라내는 것)에 공을 들이고, 로스팅 포인트를 잘 잡고, 드립에 정성을 쏟는 것은 기본이라고 여기는 여동건 씨는 자신이 좋아하는 커피 맛을 손님에게 내세우거나 강요하는 것은 바람직하지 않다고 생각한다. 자신의 카페에 오는 손님이 스스로 좋아하는 맛을 찾아가기를 바라는 것이다.

그는 '커피라는 것은 맛으로 기억되는 때도 있지만 그 커피를 마시던 분위기로 기억되는 때도 있다'고 말한다.

"2000년도에 영국에 잠깐 살았어요. 그때 기차를 잘못 타서 한적한 시골 역에 내린 적이 있어요. 그곳에서 1파운드 80페니 주고 에스프레소를 마셨는데 날씨, 바람, 공기⋯⋯. 뭐 이런 게 어우러져서 커피 맛을 특별하게 했어요. 사실 그 시간이 제게는 커피를 좋아하게 된 계기가 된 셈이죠."

그때 그 기차표는 작은 커피 점빵의 네 번째 고객카드가 되었다. 이렇듯 여동건 씨는 자신의 추억의 갈피갈피에 고이 꽂아 두었던 삶의 잊지 못할 소중한 순간들을 자신의 카페에 와서 커피를 마시는 사람들과 공유

한다. 그 공간에 찾아와서 커피를 마시는 그들 역시 그 짧거나 긴 시간을 오래오래 귀하게 여기기를 바라면서 말이다. 그는 때때로 그 공간이나 커피가 자신에게처럼 그들에게도 따스한 구원이 되기를 꿈꾸기도 한다.

"잘 가던 술집도 없어지고 당구장도 없어졌는데 여기는 남아 있어서 좋아요."

"친정 가서 아기 낳느라고 한동안 못 왔어요."

"저, 졸업했어요."

"저, 취직했어요."

뭔가 할 말을 갖고 작은 커피 점빵의 문을 열고 들어오는 사람들은 여동건 씨의 진정성을 신뢰한다. 언제 어떤 얘기를 해도 다 받아 주는 그를 참한 친구로 여기는 것이다. 성별이나 나이에 상관없이 말이다.

그 카페의 단골들은 모두 여동건 씨가 잘 되기를 진심으로 바란다. 그래서 그들은 그 아주 작은 커피 점빵이 탁자 네 개로 카페 문을 연 지 4년 만에 탁자 여섯 개인 공간으로 확장을 할 때 손뼉을 치며 기뻐했다.

"한달 간 가게 문을 닫고 인테리어를 새롭게 해서 2011년 3월 16일에 다시 문을 열었어요. 그날 단골들이랑 하우스 파티를 했어요. 화환이나 선물은 안 받을 테니 그 대신 음식을 가져오면 좋겠다고 했지요. 그랬더니 모두 별미를 푸짐하게 준비해 왔어요. 1부에는 포크 밴드가 와서

공연을 했고, 2부에는 단골들끼리 서로 얘기 나누며 재미있게 놀았어요. 서로 어색해 하면 어쩌나 걱정했는데 하우스 맥주 만드는 분이 맥주도 갖고 오시고…….”

따로 와도 결국은 모두 다 아는 사람이라는 동네 카페의 장점을 유감없이 발휘한 그 시간에 동참하지는 못했으나 그 파티 얘기를 듣는 것만으로도 나는 즐거웠다.

'마이 브라운 노트'를 처음 열던 날 개업 떡값 8만 원이 모자랐고, 하루에 6,000원이나 6,400원어치 커피를 팔기도 했지만 '마음을 움직이는 커피를 만들겠다'는 각오가 변하지 않은 탓에 그는 이제 자신이 볶은 커피를 다른 카페에 납품까지 하는 단계에 이르렀다.

그 아주 작은 커피 점빵에서 오늘 초대장이 왔다. 희망 나무 밑으로 오라고. '호우앤프랜즈Howoo&Friends'가 공연을 한다고. 나는 만사를 제치고 그 작은 커피 점빵으로 가는 환상의 나무 밑 길을 걷는다.

2부

커피, 추억을 끓이다

―

커피 한 잔을 마시는 몇 분에 인생이 담긴다.
커피는 삶을 비추는 거울이 된다.

시간을 잃어버리고 안식을 얻다
# 시실리아

길을 찾는다는 건,

포기하지 않았다는 것

　스물아홉 명의 시인과 소설가가 춘천을 노래한 《춘천, 마음으로 찍다》를 읽은 적이 있다. 그들 심상에 머무는 춘천은 안개처럼 몽환적이기도 하고, 청춘처럼 열정적이기도 하고, 이별처럼 아릿하기도 하고, 추억처럼 아련하기도 하고, 고향처럼 아늑하기도 하다. 내게도 춘천은 그 풍경들 중 하나로 존재한다.
　사랑이 나를 아프게 한 날이었을 테다. 시인의 꿈을 함께 키우던 후배 강안희와 함께 청량리역에서 경춘선을 탔다. 지인도 없고, 연고도 없는 곳이었지만, 그 시절에 춘천은 그 지명만으로도 위로가 되는 도시였기 때문이다. 기차 안의 통로 바닥에 주저앉아 통기타 반주에 맞춰 노래를 부르는 또래들을 곁눈질하며 맥주를 몇 캔 홀짝거리다 보니 그곳에 도착했다. 그 어떤 일탈도 묵묵히 받아줄 것만 같은 도시, 춘천에 말이다.
　우리는 안개 낀 강변을 걷고 또 걷다가 야외음악당이 있는 곳에 도착했다. 텅 빈 무대에 서서 나는 무엇인가를 토해내듯이 노래를 불러댔고, 후배는 비에 젖는 객석에 홀로 앉아 관객이 되어 주었다.

젊은 날, 아픔을 위로 받은 도시여서 그랬을까? 내 영혼을 일깨우는 한 잔의 커피를 찾아다니기 시작했을 때 가장 먼저 찾은 도시가 춘천이다. 그때는 신영강변에 있는 커피집인 '미스타페오'에서 커피를 마셨다. 커피 맛에 대한 기억보다 더 선명한 것은 흘러가는 강물과 그곳에 어렸던 산 그림자와 '미스타페오'의 뜻이다. 나스카피 인디언들은 심장 속에 살고 있는 불멸의 내적 동반자인 인간의 영혼을 '나의 친구, 위대한 사람'이란 뜻의 '미스타페오'라 부른다. 화판에 적힌 그 글을 보며 나는 "미스타페오!"라고 부를 수 있는 존재가 생기기를 갈망했는지 모른다.

'미스타페오'에 함께 갔던 이상림 씨가 춘천으로 이사를 갔다. 그녀가 나에게 자신 있게 추천해 준 곳이 '시실리아'다.

"맛있는 커피집 추천하려고 춘천에 있는 커피집 다 다녀봤어요. 그런데 딱 두 집에 마음이 갔어요. 그중에서도 '시실리아'가 더 나은 거 같아요. 커피 맛은 두 집 다 비슷한데, 커피를 대하는 주인의 태도가 좀 더 진지하고 학구적이고 열정적이거든요. 일단 두 집 다 알려 드릴 테니 가 보실래요?"

그녀는 그 두 커피집의 주인과 실내 인테리어와 자신이 느낀 커피 맛에 대해서도 한참을 더 얘기했다. 커피를 좋아하는 사람들은 누구든 커피 얘기만 나오면 시간 가는 줄 모른다. 나는 그녀의 이야기를 쭉 들으면서 '시실리아'에 가기로 결정했다. 그녀가 전해 준 그 커피집 주인의 이

나를 위해 준비된 한 잔의 커피. 그 외에는 어떤 것의 방해도 허락하지 않는 곳. 시실리아.

미지가 마음에 와 닿았던 것이다.

원주 시외버스터미널에서 버스를 탔다. 1시간 10분이 소요되는 직행을 이용했다. 커피가 고팠다. 카페로 커피를 마시러 갈 때는 집에서 커피를 안 마신다. 그 집의 커피 맛을 제대로 음미하고 싶어서다. 비운 위장 속에 커피에 대한 갈망만을 채워 두어야 커피의 미세한 맛을 놓치지 않을 수 있다. 그래야 커피에 대한 갈망이 더해진 맛을 보너스로 얻을 수도 있다. 그 맛에 대한 느낌을 정직하나 풍부하게 표현할 수도 있다. 그것들은 내가 먼 길을 가서 커피를 마시는 커피집과 그곳에서 나에게 커피를 만들어 주는 사람에 대한 예의이기도 하다.

춘천시외버스터미널에서 택시를 탔다.

"강원대학교 후문으로 가 주세요!"

택시에서 내린 나는 횡단보도를 건너 언덕길을 찾았다. 건물과 건물 사이로 난 길의 끝을 보니 경사가 져 있었다. 나는 반갑게 그곳을 향해 걸었다. 그 길의 왼쪽 끝에 내가 찾는 카페가 있었다. 나는 그 건물에서 몇 걸음 뒤로 물러섰다. 사람이든 장소든 사물이든 첫 만남은 늘 설렘을 동반하는 법이다. 그 감정을 연장한 뒤에 가게 문을 열고 들어갔다. 가장 먼저 화분에서 자라는 여러 그루의 커피나무가 눈에 띄었다. 두 번째로 눈에 띈 것은 1층 실내의 왼쪽 벽에 붙어 있는 벽보였다.

> 시실리아. 時失里我. 나는 시간을 잃어버리고 이 마을(카페)에서 커피를 마신다.

'시실리아'라는 상호에 담긴 뜻을 알게 된 나는 이 커피집의 주인인 이상덕 씨가 얼마나 진지한 고민을 하며 커피를 만드는 사람인지 단박에 알 수 있었다.

"직장생활을 할 때는 누구나 퇴직을 염두에 두고 그 다음에 할 일을 생각하잖아요. 저도 여러 업종을 두고 고민을 했어요. 그때 조사를 해 보니 커피는 미지의 시장이었어요. 대부분의 사람들이 비교적 안정적인 치킨집이나 호프집을 창업했지만 저는 커피를 선택했지요. 그때 상호를 '시실리아'로 정해 두었어요. 상호를 두고 직장 동료들과 얘기하다가 영화 〈대부〉를 떠올렸지요. 그 영화의 무대였던 곳을 한국 이름으로 만들었어요. 한문으로 조합해서 상표등록을 했지요. 아마 커피문화가 발달된 나라가 이탈리아여서 선택에 망설임이 없었던 거 같아요."

1990년도에 서울에서 커피집을 냈을 때는 커피를 공부할 마땅한 책이 없었고, 생두를 구하는 일도 어려웠고, 생두를 볶을 기계도 구할 도리가 없었다. 그는 매일 남산에 있는 국립중앙도서관에 가서 커피에 관련된 원서를 찾아 읽으며 공부를 하고, 부산과 일본을 오가는 보따리상들에게 부탁해 생두를 구하고, 커피 로스터도 직접 만들었다. 고향인 경상북도 상주에서 익히 본 뻥튀기 기계의 원리만을 생각하며 만들었는데, 세월이 흐른 뒤에 보니 상상만으로 만든 그 기계가 공장에서 제작된 기계의 원리와 맞아떨어졌다. 필요한 기능을 계속 추가하며 20년 가까이 사용한 그 기계는 아직도 그의 커피집 2층에 있다. 전문가들이 만든 열풍식, 직화식, 반열풍식 커피 로스터들과 함께 말이다.

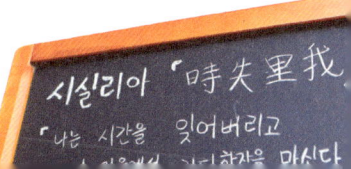

20여 년이 지나도 식지 않은 열정으로 커피를 볶는 그의 로스팅 룸은 1층에서 재미있는 계단을 따라 올라간 2층의 오른쪽 한 편에 있다. 그곳의 한쪽 벽에는 커피의 맛을 분류한 표가 붙어 있다. 그러나 그는 표준화된 그 맛을 뛰어넘어 오로지 자신만이 낼 수 있는 맛을 찾으려고 애를 쓴다. 그 첫 번째가 질 좋은 생두를 구하는 것이고, 두 번째가 맛에 영향을 미칠 수 있는 결점두를 꼼꼼하게 골라내는 것이다. 덜 익은 것, 갈라지거나 부서진 것, 변질된 것, 곰팡이 슨 것, 벌레 먹은 것, 검게 변한 것, 지나치게 크거나 작은 것, 이물질까지 놓치지 않고 골라낸다. 지나치게 쓰거나 신맛, 탁한 맛을 낼 수 있는 부적절한 생두를 골라내는 핸드픽은 로스팅 전이나 후에 동일하게 이루어진다.

  "자본으로 밀어붙이는 메이저 커피 전문점들과 경쟁해서 살아남으려면 정성을 다하는 수밖에 없습니다. 재료가 똑같은데 맛의 차이를 주려면 기계로는 결코 만들 수 없는 핸드메이드 커피를 만들어야 합니다. 그게 바로 핸드드립 커피죠. 손님의 입맛에 딱 맞게 내릴 수 있으니까요. 손님들도 자신이 원하는 맛의 커피를 마시기 위해서는 핸드드립을 하는 사람과 말문을 트는 것이 좋습니다. 교감은 커피 맛을 더 좋게 만드니까요."

  이상덕 씨는 핸드드립을 할 때도 남달리 신경을 기울인다. 그는 커피잔이나 서버뿐 아니라 드리퍼까지 데운다. 그것은 커피를 추출할 때 분쇄한 원두 속에 섞여 있을 은피가 여과지에 잘 달라붙게 하기 위한 것이다. 행여 그것이 커피 맛을 떨어뜨리지 않도록 세심하게 마음을 쓰는 것이다. 서버와 드리퍼를 데우는 동안 그는 분쇄한 원두의 향이 날아가지 않도록 여과지로 덮어 두는 꼼꼼함도 잊지 않는다. 다른 서버를 이용해 열 방울 정도의 물로 뜸을 들일 때 자연스럽게 추출된 커피는 버린다. 그것이 떫은맛을 낼 수 있기 때문이다. 그리고 데워 둔 서버로 옮긴 뒤에 본격적인 핸드드립을 시작한다.

"손님이 자신이 마실 커피의 품목을 선택하고 나면 제가 물어봅니다. 진하게 마십니까? 연하고 부드럽게 마십니까? 그러고는 손님의 기호를 충족시킬 수 있는 커피를 만듭니다."

대부분의 경우 1인분의 커피를 내릴 때 10g의 원두로 150~180cc를 추출하지만, 그는 40g으로 250cc를 추출해서 한 잔을 만들어 손님에게 내고 나머지는 미련 없이 버린다. 원두의 양을 최대한으로 해야 커피에 숨어 있는 좋은 맛을 추출할 수 있다고 믿는 그의 신념에 반해 외지에서 '시실리아'를 찾아가는 사람들은 결단코 실망하지 않는 것이다.

"커피를 마실 때는 커피 본연의 맛에 감정의 맛과 상상의 맛이 가미됩니다. 그렇기 때문에 커피를 만드는 사람은 자기의 마음을 잘 다스릴 줄 알아야 합니다. 행복한 기분으로 커피를 내려야 마시는 사람도 행복한 기분으로 커피를 마실 수 있습니다. 커피를 내리는 사람이 불행한 기분으로 커피를 내리면 그것을 마시는 사람도 불행해집니다. 그런 커피를 만드는 건 거의 죄악이죠. 법규로 제재를 받지는 않지만 말입니다. 커피 만드는 사람은 자기 커피에 책임을 질 줄 알아야 합니다."

이상덕 씨는 관대하다. 그러나 맛있는 커피를 만드는 일에는 지극히

엄격한 사람이다. 그는 자기 이름을 건 맛난 커피를 만드는 것은 커피집 주인의 의무에 사삽다고도 말한다. 그러나 그것 못지않게 중요한 것은 주인이 자기 점포를 잘 지키고 있는 것이라고 말한다. 그것이 커피집의 명성을 지키기 위한 길이라는 생각에는 한 치의 양보가 없다.

2008년 12월에 '시실리아'를 강원도 춘천으로 옮긴 그는 늘 가게를 지킨다. 손님의 70% 정도가 경기도나 서울에서 일부러 찾아오는 과거의 단골들이기 때문이다. 그들을 기다려 주는 것이 자신의 커피를 사랑하는 사람들에 대한 예의라고 믿는 그는 비가 오거나 눈이 오거나 바람이 불어도 변함없이 '시실리아'를 지키는 것이다. 먼 데서 찾아온 그들이 달랑 커피 한 잔만 마시고 돌아가는 것이 못내 아쉬울 때 이상덕 씨는 단골손님들을 자신이 머무는 산장으로 초대를 하기도 한다.

강원도 춘천시 사북면 지암리에 있는 그 산장에 나도 가 본 적이 있다. 화학산 밑에 있는 그 산장에서 부인 이보순 씨가 아침을 준비하는 사이에 그는 나와 일행을 새소리와 물소리가 있는 텃밭으로 이끌었다.

"이건 천삼입니다. 저건 산마늘이고요, 저 나무에 돋은 건 오가피 순입니다."

"이건 돌배나무, 저건 서양체리나무……."

그는 또 새순이 돋아나는 밭고랑을 조심스레 골라 디디면서 나에게 그곳에서 자라고 있는 식물들을 하나도 빼놓지 않고 일일이 가르쳐 주었다. 그러면서 아침 식탁에 올릴 것들을 채취했다. 그 덕분에 향기가 풍성한 아침을 마주하고 앉을 수 있었다. 그 어느 곳에서도 맛볼 수 없는

포만감을 즐길 수 있었다.

집으로 돌아올 때 이상덕 씨는 자신이 손수 농사를 지어 담근 곰취 장아찌를 한 통이나 싸 주었다. 나의 일행에게도 말이다. 아마 '시실리아'의 단골들 중에는 나처럼 그가 수확한 농산물을 아낌없이 선물 받은 사람이 많으리라. 가을에 거두어 곧바로 냉동실에 보관했다가 쪄 주는 찰옥수수의 맛은 또 얼마나 일품이던가!

'시실리아'에 가면 스무 그루도 더 되는 커피나무가 자라고 있다. 추위를 싫어하는 그 나무들을 위해서 이상덕 씨는 겨울 내내 가게 문을 닫은 뒤에도 1층과 2층의 난방을 끄지 않는다. 자식 같은 나무들이 혹독한 겨울을 잘 나고 푸르른 봄을 맞으라고 말이다. 만만치 않은 난방비보다 커피나무의 성장을 더 귀하게 여기는 그는 천성이 농부다.

"커피의 맛을 결정짓는 요소는 정말 많습니다. 토양과 기후와 같은 자연 조건보다 먼저 커피의 맛을 결정하는 건 농부의 마음입니다. 농부가 커피나무에 어떤 거름을 주고, 어떤 약을 치느냐에 따라 커피의 맛이 달라지니까요."

커피나무를 잘 키우는 사람이 커피산지의 농부라면 그들의 정성이 헛되지 않도록 맛있는 커피를 만드는 또 한 명의 농부가 바로 이상덕 씨다.

자신이나 식구보다 객식구에게 먹이고 싸 주는 것이 더 많을 농작물을 키우는 데 기울이는 정성으로 만드는 그의 커피는 대중의 사랑을 받을 수밖에 없다.

"일본이나 이탈리아, 프랑스에 가면 카페가 2대째나 3대째 대를 물려가며 그 자리에 있고, 상호도 그대로 있잖습니까? 우리는 2~3년만 지나도 상호가 바뀌고, 그 가게가 없어지는 게 현실인데 말입니다. 제 소망은 제가 이 자리에서 없어진 10년 후나 20년 후에 오더라도 '시실리아'가 이 자리에 있는 겁니다."

대를 이어 명성을 지키며 사랑을 받는 커피집을 만들기 위해 그는 '시실리아'의 내부를 꾸밀 때도 6개월씩이나 공을 들였다. 그 흔적은 그 공간에 애정을 가진 사람 눈에 더 잘 보인다. 쉽사리 눈에 띄지 않는 곳곳에 그가 일일이 용접해서 붙인 색색의 글자들이 숨어 있다. 마치 그것을 발견한 사람에게 행운을 주는 기호처럼 말이다.

비 흡연 공간인 1층에서 흡연 공간인 2층으로 연결된 계단을 올라가다가 문득 멈춰 서서 천장을 올려다보면 그곳에는 하늘 높이 띄우는 연을 형상화시킨 조형물이 매달려 있다. 삼나무 껍질로 힘겹게 만들었다는 그 재료를 구하기 위해 그는 서울특별시 중구의 을지로에 있는 자재시장을 뒤지고 다녔다.

그 특이한 연을 보며 소원을 빈 뒤에 2층으로 올라가면 아주 특별한 공간이 준비되어 있다. 그것은 바로 셀프커피를 만들 수 있는 곳이다. 그곳에서는 자신이 직접 커피를 만들어 마실 수가 있다. 원하는 생두를 고르고, 로스팅을 하고, 핸드드립을 할 수 있다. 에스프레소 머신을 이용해 에스프레소를 추출할 수도 있다. 이 모든 체험은 비교적 저렴한 비용으로 즐길 수 있다.

"자기만의 커피를 만들어라!"

이것은 커피를 만드는 실습을 하기 위해 '시실리아'를 찾아오는 많은 사람들에게 이상덕 씨가 강조하는 말이다. 그는 자신을 도와 커피를 만드는 부인 이보순, 딸 문희와 아들 준희에게도 어김없이 그 원칙을 지키게 한다.

다른 사람과 차별화되는 커피, 타인을 매혹시키는 커피를 만들기 위해 필요한 것은 무엇일까? 이상덕 씨의 지론에 의하면 그것은 '커피에 대해 깊이 고민하는 시간이 많아야 한다'는 것이다. 그래야만 그 사람이 만든 커피를 마시는 다른 사람이 웃을 수 있다고 한다.

연인끼리 혹은 친구끼리 혹은 홀로라도 커피처럼 향기롭고, 진하고, 그 무엇과도 비교할 수 없는 추억을 만들고 싶다면 어느 날 훌쩍 춘천행 기차에 몸을 실어도 좋을 것이다. 김현철의 '춘천행 기차'를 들으며 말이다.

"벚꽃 피면 오세요! 우리 집 벚나무는 아니지만……."

건너편 집의 담장 안에 서 있는 키 큰 나무를 가리키며 이상덕 씨 부부가 한 말을 되새기며 집으로 돌아오는 길에 나는 별이 쏟아지는 하늘에서 눈을 떼지 못했다. '시실리아'는 그렇게 또 내 정처 없는 발길이 언제든 가서 머물 수 있는 공간이 되었다. 그 아름다운 커피의 섬은 아마 누구에게든 그러하리라!

여수 밤바다. 그리고 커피

달콤
Dalcom

전라남도 여수시 종화동 430 | 임동호 | 061 665 0369

외롭다는 건,

달콤한 위로를 바란다는 것

"커피를 찾아 여행하는 사람들이 카페를 고르는 첫 번째 기준은 뭘까?"

친구가 나에게 물었다.

"커피 본연의 맛이 일 순위는 아닌 거 같아. 그 집의 커피 맛을 결정하는 것은 커피 자체의 맛만은 아니니까 말이야."

"그럼 뭐가 커피 맛을 결정해?"

"이건 뭐, 지극히 주관적인 거지만……. 모든 것이 동일한 조건일 때 그 집의 커피 맛을 결정짓는 건 그 커피집 주인의 품성이라고 봐. 특히 그 집에서 커피를 볶고, 핸드드립을 하는 경우에는 그 점이 커피 맛의 99% 결정한다고 봐. 나머지 1%는 그 집의 분위기겠지."

"맞는 말 같기도 하네!"

내 말에 친구가 고개를 천천히 끄덕거렸다.

나는 그렇게 믿는다. 커피를 진정으로 사랑하는 사람은 타인도 진정으로 사랑할 수 있다고 말이나. 그 진정성은 곧 한 알의 생두도 소홀히 다루지 않고, 한 잔의 커피도 소홀히 만들지 않고, 단 한 명의 손님도 소홀히 대하지 않는다고 말이다. 그렇게 오롯한 성심을 바쳤을 때만이 한 잔의 맛있는 커피가 만들어진다고 믿는다. 그런 커피는 한 모금만 마셔도 탄성이 절로 나온다. 그런 커피는 한 잔만 마셔도 그 맛에 감격하여 눈물이 핑 돈다. 그런 커피는 한 잔만으로도 충분히 마음이 부르다.

그 한 잔의 커피를 찾아 또 길을 떠났다.

원주에서 고속버스를 타고 전라남도 광주로 갔다. 거기서 다시 시외버스를 타고 여수로 갔다. 그 도시의 시외버스터미널에 내리니 '세계로 웅비하는 여수'라는 현수막이 나를 먼저 반겼다. 아, 317개의 아름다운 섬과 리아스식 해안을 자랑삼아 내세우는 여수에 당도했구나! 나는 다시 택시를 탔다.

"해안공원 하멜등대 앞으로 가 주세요!"

택시는 가로수가 이색적인 길을 달렸다. 소나무, 무화과나무, 동백나무, 야자나무……. 가로수들은 이곳이 남쪽지방이라는 사실을 환기시켜 주었다. 택시기사의 남도 사투리도. 택시기사는 나에게 볼거리를 추천해 주었다.

멀리서 보면 섬의 모양이 오동잎처럼 보이고, 지금은 동백나무가 많으나 과거에는 오동나무가 많아서 그 이름이 붙었다는 오동도. 벼랑길을 따라 다도해의 빼어난 경관을 감상할 수 있는 금오도 비렁길. 충무공

이순신이 전라좌수영의 본영으로 사용했다는 진남관. 검은 모래로 유명한 만성리 해변. 야경이 유명한 돌산대교…….

택시기사는 여수에서 머무는 동안 꼭 먹어야 될 먹거리들도 추천해주었다. 서대회 전문식당인 중앙동의 삼학집, 장어탕이 전문인 남산동의 7공주식당, 간장게장과 양념게장을 무한리필 받아서 먹을 수 있는 봉산동의 두꺼비 식당……. 어디에서 밥을 먹든 돌산갓김치를 꼭 맛보라는 당부까지 귀담아 듣다보니 어느새 바다 냄새가 났다.

나는 창문을 다 내리고 바다 냄새를 맡았다. 저 멀리 보이는 돌산대교의 야경도 눈길을 사로잡았다. 항구에 정박해 있는 수십 척의 크고 작은 배들도……. 빨간 하멜등대도……. 아, 드디어 바다를 앞마당으로 둔 카페 '달콤'에 도착했구나!

소금기를 머금은 해풍 탓에 부식이 잘 되기도 하고, 사람들이 워낙 그 자리를 탐내는 탓에 벌써 세 번이나 수리를 했다는 노란 그네가 카페로 들어가는 입구의 왼쪽 테라스 옆에서 내 발길을 붙잡았다. 여행객들은 그곳에 앉아 사진을 찍기에 여념이 없었다. 나도 거기에 앉아 몸을 흔들며 바다가 하는 얘기를 듣고 싶었다. 그러나 연인들은 그 자리에서 일어설 줄을 몰랐다. 나는 하는 수 없이 목조계단을 올라갔다. 2009년 2월 1일에 문을 연 카페 '달콤'과의 만남에 가슴 설레면서 말이다.

카페의 주인장 임동호 씨는 바다를 배경으로 앉아 있는 손님들의 탁자에서 커피를 내리고 있었다. 그는 아주 바쁠 때를 제외하고는 늘 손님들이 앉아 있는 탁자에 가서 핸드드립을 한다. 손님들이 주문한 커피에 대해 자신이 알고 있는 것을 모두 얘기하면서 말이다.

"커피에 대해 모르면 까막눈이라 생각해요. 그래서 손님이 커피를 고르기 전이나 고른 후에도 그 커피에 대해 자세히 설명을 해 줘요. 드립 커피를 처음 마시는 사람이라도 그 커피를 알고, 그 커피에 대해 생각을 하고 마시면, 그 커피 맛을 어느 정도는 느낄 수 있거든요. 그렇게 커피를 마신 사람이 단골이 되고, 다른 사람을 데려와요. 그 사람이 또 다른 사람을 데려오고……."

이 카페로 커피를 마시러 오는 사람들은 대부분 외지 사람들이다. 전라도 광주, 경상남도 진주, 부산에서 많이 온다. 커피아카데미에서 커피 교육을 받고 창업에 관한 자문을 구하러 일부러 찾아오는 사람도 많다. 전국에서 대학생들이 몰려오기도 한다. 만 25세 미만의 젊은이들이 5만 7천 원으로 연속해서 7일간 기차 여행을 할 수 있는 '내일로 여행'의 종착역이 여수역이기 때문이다. 그 나그네들에게 임동호 씨는 더울 때는 아이스아메리카노를, 추울 때는 핫아메리카노를 공짜로 주기도 한다. 그의 인심은 거기서 끝나지 않는다. 때로는 낚시를 하러 온 사람에게도 무료로 커피를 내려다 준다. 그런 입소문을 타고 단 시간에 입지를 굳힌 '달콤'에는 지역 주민들이 저녁에 나들이를 나와 방앗간에서 그날그날 맞춰오는 인절미와 찹쌀경단을 곁들여 커피를 즐기기도 한다.

"여기 처음 오는 분들에게 저는 바디감이 적당하고 옅은 신맛과 쓴맛과 단맛의 밸런스가 다 적당하다고 생각하는 브라질 옐로우 버본을 추천합니다. 처음에는 그런 분들한테 인도네시아 만델링이나 케냐 커피를

"먼 데서 찾아오는 사람들이 많다는 건
이집 커피가 어떤 형태로든 감동을 준다는 걸 의미하죠."

"아, 그건 과찬입니다.
오히려 제가 손님에게 감동 받는 경우가 더 많습니다.
그중에서 잊을 수 없는 손님은 서울에서 온 모녀였어요."

Hand Drip
커피에 마음을 담아
소중히
한 잔 한 잔
내려 드립니다.
내릴 한 잔의 커피를 마셔 줄
누군가를 생각하며
기도하는 마음으로…….

추천해 봤는데, 웬 사약이냐며 인상을 찌푸리셨거든요. 누구나 핸드드립 커피에 적응하는 단계가 있는 거 같습니다. 여기 단골들은 주로 아프리카 커피를 즐겨 마십니다."

"먼 데서 찾아오는 사람들이 많다는 건 이집 커피가 어떤 형태로든 감동을 준다는 걸 의미하죠."

"아, 그건 과찬입니다. 오히려 제가 손님에게 감동 받는 경우가 더 많습니다. 그중에서도 잊을 수 없는 손님은 서울에서 온 모녀였어요. 어느 날 한 주부가 이곳 여수가 고향인 노모를 모시고 왔어요. 노모가 임종을 앞둔 상태라 고향에 와 보고 싶었나 봐요. 비가 너무 많이 와서 손님도 없던 터라 여유 있게 커피를 만들어 드렸어요. 모카치노와 카페 모카로요. 커피를 너무나 맛있게 드셔서 제가 그 노모에게 물었어요. 리필해 드릴까요? 그러자 그 노모가 말씀하셨어요. 아, 총각. 커피가 너무 맛있네! 더 준다고 하니 좋네! 그 노모는 달달한 커피를 세 잔이나 드셨어요. 그걸 지켜보면서 딸은 말없이 눈물만 흘리더라고요. 노모가 안쓰럽기도 하고, 커피를 행복하게 마시니 좋기도 하고……. 이튿날 그 모녀가 또 왔어요. 고맙다면서요. 그 노모가 여기서 좋은 추억을 가져갔기를 바랄 뿐이지요."

사람 만나는 것을 좋아하는 임동호 씨는 '달콤'에 오는 사람들에게 주로 두 개의 드리퍼를 이용해서 추출한 커피를 낸다. 진한 커피는 하리오 드리퍼로, 연한 커피는 칼리타 드리퍼로 내린다. 그러나 손님의 취향에 따라 칼리타로 진하게 내려서 희석을 하기도 한다. 손님이 원하면 고노 드리퍼나 융 드리퍼를 쓰기도 한다.

"핸드드립은 사기만의 맛을 찾아가는 방법이지요."

어떤 도구를 써서 핸드드립을 하든지 임동호 씨는 분쇄해서 드리퍼에 담은 커피에 첫물을 부어서 뜸을 들일 때 향기부터 맡는다. 그 향기로 커피의 신선도와 맛을 점치는 것이다. 그뿐만 아니라 그는 손님들에게 볼거리를 제공하려고 이색적인 핸드드립을 하기도 한다.

임동호 씨는 하리오 드리퍼를 이용해서 커피를 내릴 때 가장 먼저 뜸이 잘 든 커피의 한가운데 아주 작은 동그라미를 하나 그린다. 그 다음, 그 주변에 크기가 똑같은 다섯 개의 동그라미를 그린다. 그때 생기는 거품도 별 모양이지만, 커피를 다 추출하고 나서 그 드리퍼에 남는 커피 찌꺼기의 모양도 별 모양이다. 일명 별 드립이라고 한다.

임동호 씨가 핸드드립으로 커피를 추출할 때 1인분은 20g으로 210cc에서 220cc를 내린다. 200cc를 1인분 커피의 양으로 잡기는 하지만 약간 여유 있게 내려서 잔에 담아 손님에게 내고 나머지는 자신이 맛을 본다. 그렇게 늘 자신이 만드는 커피 맛의 냉정한 커퍼$^{Cupper}$(원두의 관능검사를 하는 사람)가 된다. 그가 핸드드립을 할 때 선호하는 물의 온도는 87℃에서 88℃ 사이다. 결코 90℃가 넘는 물을 쓰지는 않는다.

그 적절한 따뜻함이 오롯이 담긴 예멘의 모카커피를 마시고, 다음 날 다시 그곳을 찾은 나는 '달콤'의 실내를 자세히 구경했다.

주방의 벽장문이 독특했다. 바닥에서부터 천장까지 닿아 있는 검정색 바탕인 두 짝의 문 중 한 곳에는 카페의 메뉴가 일목요연하게 적혀 있었다. 다른 한 짝의 문에는 카페의 커피 철학이 담긴 글귀가 적혀 있었다.

기도하는 마음으로 내린 '달콤'의 커피는 끝맛이 달콤했다. 아마 '달콤'을 찾기 전부터 계속 '달콤'을 그려서 그런 모양이다. 때로 커피는 이렇게 혀보다는 마음이 먼저 그 맛을 느낀다. 그 집 커피에 대한 로망을 갖고 있을 때는 말이다.

"처음에는 이국적인 이름들을 찾았어요. 커피밸리, 골드크레마……. 그러다 생각했어요. 커피가 쓰기는 하지만 그 커피를 마시면서 달콤한 얘기도 하고, 커피가 사람과 사람 사이의 매개체도 되고……. 그래서 달콤, 달콤 말하다 보니 입에 붙었어요. 커피와는 잘 매치가 안 되는 상호인데 좀 보다 보면 매치가 돼요."

여수가 고향인 임동호 씨는 서울에서 공부를 하고 다시 여수로 내려와 여수문화방송에서 6년 정도 일을 하다 과감하게 직장을 그만 두었다. 유년 시절의 추억이 깃든 집이 사라지고 터만 남은 곳이 해양공원화되자 그는 부모 소유의 그 땅에서 무엇을 할까 고민을 했다고 한다. 평소에 원두를 사다가 프렌치프레스로 커피를 만들어 마시며 커피 맛을 탐구하던 그에게 커피집을 해 보라고 말한 건 아내였다. 아내의 조언을 받아들인 그는 생의 터닝 포인트를 커피로 정하고 상경했다.

커피를 배울 곳을 물색하던 그는 핸드드립 위주로 교육을 진행하던 '밀라노바리스타아카데미'에서 공부를 시작했다. 그 후로 커피 로스팅부터 라떼아트까지 다양한 분야를 섭렵했다. 커피 공부가 좋았던 임동호 씨는 아내에게도 커피 공부를 권했다. 부부 바리스타가 되면 좋겠다는 남편의 말에 아내 역시 흔쾌히 커피 공부를 시작했다. 아내는 서울 송파동의 '리에스프레소'에서 커피 공부를 했는데, 서로 다른 환경에서 서로 다른 것을 배워서 서로 공유하면 좋겠다는 임동호 씨의 제안 때문이었다. 그의 아내는 현재 여수의 번화가에서 또 다른 '달콤'을 운영하고 있다.

'커피의 매력은 답이 없는 것'이라고 말하는 임동호 씨는 카페 안에 아주 특별한 공간을 만들어 두었다. 그것은 바로 온돌이 깔린 방이다. 여섯 살 된 딸과 세 살 된 아들을 둔 그는 어린 자녀를 데리고 가서 커피를 마시고 싶어 하는 부모의 심정을 충분히 알고도 남았다. 그래서 그는 신발을 벗고 계단을 두 개 올라가야 들어갈 수 있는 방을 하나 만들었다. 그곳은 부모가 아이들을 데리고 와서 편하게 커피를 마실 수 있는 공간이다. 낙서투성이인 벽이 천겹기까지 한 그 분홍색 방을 홀대하던 사람들도 지금은 그 방에서 연령대 구별 없이 잘 어울린다. 물론 카페의 실내는 금연구역이다.

'달콤'만의 구경거리와 특징들은 또 있다. 파주의 '프로방스'에서 사온 핸드 페인팅을 한 커피잔들. 메탈밴드 출신인 주인장이 록발라드와 뉴에이지와 재즈를 거쳐 정착시킨 잔잔한 음악. 원두를 어떻게 볶는지 궁금해 하는 사람들에게 로스팅 과정을 공개하는 토요일의 로스팅 룸. 해풍과 습기 때문에 한 달 동안 쓸 분량만 구매하는 생두. 낮 12시 30분부터 밤 12시까지인 문 여는 시간. 둘째와 넷째 월요일에 갖는 휴무. 무료 리필. 그중에서 가장 큰 구경거리는 바로 '냅킨 그림 콘테스트'다.

"가만히 앉아 있다 보면 낙서하고 싶을 때가 있잖아요? 여기서는 낙

서할 거리가 생각난 손님에게 냅킨을 줍니다. 그 냅킨 낙서를 일주일 단위로 모아 매주 심사를 합니다. 보통의 경우는 2명을 선정하고, 괜찮은 낙서가 많을 때는 5명을 선정합니다. 그분들에게는 음료수 1잔을 무료로 준다는 문자를 보내 드립니다. 선정된 그림들은 액자로 제작해서 전시를 합니다."

노란 그네, 정박한 배들, 푸른 바다, 붉은 하멜등대, 오가는 해상 유조선, 돌산대교, 돌섬이 보이는 창가에 앉으면 그 오른쪽 벽이 바로 냅킨 낙서 전시장이다. 그 냅킨에 투영된 '달콤'의 모습이 실제 '달콤'과 얼마나 닮았는지 찾아보는 재미는 꽤 클 것이다. 맑은 날 카페의 앞 바다에서 갯지렁이가 헤엄을 치는 것, 물고기가 옆으로 누워 잠자는 것을 보는 것, 하멜공원 근처에서 낚시꾼들이 개불을 미끼로 낚아 올린 도다리와 놀래미를 구경하는 것만큼이나……

밝은 신맛과 꽃 향이 좋은 데다 연하게 마시면 차에 가까워서 에티오피아 아리차 커피를 좋아한다는 임동호 씨는 아직은 핸드드립 커피의 불모지인 여수에서 로스터리 카페$^{Roastery\ Cafe}$(매장에서 커피 로스팅도 하는 카페)를 하는 다른 사람들과 더불어 커피 공부를 한다. 커피에 관련된 영어 원서를 구해 읽고, 커피에 관련된 최신 정보를 나누고, 매월 마지막 주 수요일에는 커핑$^{Coffee\ Cupping}$을 한다. 맛에 대해 서로 견해를 나누고, 부족한 맛을 보완할 지혜를 모은다. 그들은 서로 상대방의 카페로 손님을 보내 주기도 하고, 각자 구매한 생두를 나누어 갖기도 한다. 같은 길을 걷는 사람들끼리 반목하지 않고 상생하는 그 얘기는 듣기에도 흐뭇하다.

커피 큐레이터나 커퍼에 도전을 하고 나아가서는 '달콤'이 있는 중화동을 분당의 정자동처럼 커피의 거리로 만드는 것이 꿈인 임동호 씨는 자신 있게 말한다.

"삶의 달콤함을 느끼고 싶은 사람은 모두 달콤으로 오세요!"

얼굴을 보면 커피가 나온다
# 커피 플레이스
Coffee Place

날개를 단다는 건,

모범답안은 찾지 않겠다는 것

　그 카페에 가면 내가 앉는 고정석이 있다.
　그곳에 앉으면 해가 저물어도 결코 일어서고 싶지가 않다. 창문 저편으로 보이는 세계가 너무나 평온하기 때문이다.
　죽은 자의 세계가 산 자의 세계 속에 산재해 있는 고도에서는 무덤조차도 깊은 잠 같은 안락을 준다. 그 원형의 봉분은 등을 기대고 앉아 시름을 내려놓아도 무언의 위로를 건네고, 엎어져서 통곡을 해도 무언의 위로를 건넨다.
　그 곡선의 완만함 속에 뿌리를 내리고 자라는 아름드리나무들이 있는 그림 같은 풍경을 볼 수 있는 곳이 바로 '커피 플레이스Coffee Place'다.
　그 커피집 앞에 있는 작은 광장 건너편에는 노서고분군의 백미라고 할 수 있는 봉황대가 있다. 주인이 누구인지는 알려지지 않은 그 무덤 위에 올라가서 내려다본 옛 경주성의 모양새가 마치 봉황새 같다고 하여 붙여진 이름인데, 우리나라의 단일 고분 중에서는 제일 크다.

그 거대한 무덤은 오래된 나무들을 몇 그루 키우고 있다. 그 나무들이 뿌리를 내린 곳이 평지가 아니어서 그런지 나뭇가지들이 뻗어나간 모양새 또한 탄성을 자아내게 만든다.

"이곳은 사시사철 다 경치가 좋아요. 봉황대에 뿌리 내린 느티나무가 일반 가로수보다 높은 곳에 있기 때문에 단풍 든 나뭇잎이 떨어질 때 특히 더 멋있어요. 이쪽이 서편이라 일몰의 하늘도 예쁘고……. 나무 위의 하늘에는 샛별도 뜹니다. 어쩌다 이른 아침에 나와서 보면 햇빛도 좋고, 공기도 좋고……. 혼자 핸드드립해서 책 보면서 커피 마시다 보면 뭔가 호사를 누리는 것만 같습니다."

그렇다. 커피 한 잔을 앞에 놓고 창밖의 풍경을 바라보는 것만으로도 호사를 누리는 느낌을 가질 수 있는 곳이 바로 '커피 플레이스'다.

그 카페에서 단 한 번이라도 봉황대를 바라보며 커피를 마신 적이 있는 사람이라면 알리라! 시간대에 따라 다르고, 계절에 따라 다르고, 바라보는 사람의 마음 상태에 따라 또 달라지는, 잊을 수 없는 그 경치를 말이다. 그것은 그 누구의 심상에든 고이 적히는 한 편의 서경시가 된다.

"제 꿈이 시인이었습니다. 고등학교 때 국어선생님한테 안도현 시인이 쓴 《그리운 여우》라는 시집을 선물 받은 적이 있어요. 그 시집을 읽은 뒤부터 시인이 되고 싶었습니다. 제가 지금의 아내를 만났을 때 처음 선물한 책도 바로 그 시집입니다. 제 휴대폰에 저장된 아내의 애칭도 '그리운 여우'고요. 그 한 권의 시집 때문에 제 꿈이 정해져서 다른 시인들 시

천 년의 미소를 간직한 도시, 경주.
그곳에서 큰 봉황대를 바라보며 마시는 커피는
시간을 거스르도록 하는 힘이 있다.

집도 많이 읽고, 습작도 많이 하고, 대학에서 시를 전공하기도 했는데……. 부끄럽게도 아직 시인은 못 되었습니다."

'커피 플레이스'의 주인은 아직도 시인이 되기를 꿈꾼다. 시는 그에게 한없는 동경을 불러일으키는 세계인 것이다. 그런 그가 시인의 심성으로 만드는 것이 바로 커피다.

"문학청년 시절에는 인생에 대해 고민이 많잖아요? 그때는 삶보다 죽음을 더 동경하는 찰나가 있기도 하구요. 그런 시절에 끊임없이 고민했었어요. 내 영혼의 양식인 시와 같은 것이 뭐가 있을까? 내가 세상을 행복하게 살아나갈 수 있도록 의미 있는 이유를 제공해 줄 수 있는 것이 뭐가 있을까? 그 고민 끝에 선택한 것이 커피입니다. 그 선택을 후회하지 않습니다. 저는 5년이 지나고 10년이 지나도 정동욱 하면 커피 볶는 사람, 커피를 잘 볶는 사람이란 소리를 듣고 싶습니다."

정동욱 씨의 그 열망이 자연스럽게 발아된 때는 2007년이었다. 직업군인이었던 8년 10개월의 시간을 정리한 그는 대구에서 작은 커피집을 하는 친구의 일을 도와주었다. 그런데 그 일이 무척이나 재미있었다. 성심으로 사람들을 대하니, 가게가 잘 되기까지 했다. 그래서 2008년에 친구와 함께 자신이 시를 공부하던 대학가로 가서 확장한 가게를 내고 본격적으로 커피를 만들기 시작한 것이다.

그 커피집 이름은 '꿈을 파는 사람'이었다. 그곳에서 그는 정동욱 표 꿈을 팔았다. 시인의 꿈을 팔기도 하고, 소설가의 꿈을 팔기도 하고, 극작가의 꿈을 팔기도 했다. 때로는 사진작가의 꿈을 팔기도 하고, 또 다른 꿈을 팔기도 했다. 그 모든 꿈에서는 커피 향기가 났다.

그곳에서는 카페를 창업하고자 하는 사람들을 상대로 소규모 창업 교육을 실시했었다. 그 교육을 받은 사람 중의 한 명이 그 카페를 인수하고 싶어 했다. 그 제안을 받은 정동욱 씨는 자신에게 또 다른 기회가 온 것이라 여겼다. 그는 친구와 의논 끝에 그 커피집을 제자에게 넘기고 각자 독립했다. 그가 경주로 온 것은 2010년이다.

"한 번 옮기면 그 자리에서 오래 해야 하니까 전국을 가능성에 두고 커피집 할 장소를 물색했어요. 그런데 단골 중에 경주 사람이 있었어요. 경주에 와서 커피집 하면 좋겠다고 해서 와 보니까 정말 좋았어요. 집 앞에 정원이 있고, 조금만 나가면 강이 있고, 다리 하나 건너면 산이 있고……. 문 밖에 있는 걸 다 누릴 수 있는 경주에 가게 계약하고 나서 아내랑 같이 연습장에 빼곡하게 가게 이름을 적어봤어요. 이름 옆에 로고도 같이 그려나가면서요. 한 50개 정도 적었어요. 그러다 '커피 플레이스 Coffee Place'로 정했어요. 커피도 그렇지만 공간도 사람과 사람을 이어주잖아요. 로고는 Coffee Place의 약자인 C와 P자를 붙여서 컵 모양으로 만들었어요."

정동욱 씨는 늘 생각한다. 작은 카페일수록 인간관계가 소중하다고. 그래서 그는 자신의 카페에 오는 사람들을 가족처럼 대한다. 그런 주인의 태도 때문에 그 카페에 드나드는 사람들은 서로의 별명을 알고, 서로의 생활을 안다.

"아, 잘 지냈어요?"

"내가 세상을 행복하게 살아나갈 수 있도록
 의미 있는 이유를 제공해 줄 수 있는 것이 뭐가 있을까?
 그 고민 끝에 선택한 것이 커피입니다.
 그 선택을 후회하지 않습니다."

"아, 시험 어떻게 됐어요?"

그 공간에서는 사람들끼리 서로 주고받는 대화만 들어도 정겹다. 도타운 우애로 서로를 챙기는 그 모습은 커피만큼이나 따사롭다.

그렇게 단골들의 개인사를 다 아는 정동욱 씨의 커피집에 어느 날 단골이 된 지 얼마 안 된 이가 커피를 마시러 왔다. 정동욱 씨와 동갑내기인 그의 얼굴은 한없이 침울했다. 그에게 위로가 될 만한 커피를 내려 준 정동욱 씨는 말없이 그와 마주앉았다.

커피와 함께 슬픔을 삼키던 그가 천천히 말문을 열었다.

"갑자기……. 아버지가 돌아가셨어요!"

이미 스무 살 때 아버지를 잃은 정동욱 씨는 그의 상실감을 충분히 이해할 수 있었다. 정동욱 씨는 그의 손을 붙잡았다. 그 둘은 한없이 서럽게 울었다.

정동욱 씨는 그렇게 한 번 오면 단골이 되는 단골들과 같이 울기도 하고 웃기도 한다. 그러는 사이에 그 카페는 카페 앞에 있는 광장을 넘어서는 드넓은 광장이 되어간다. 진정한 소통이 가능한.

"카페는 주인의 이미지를 파는 곳이라고 생각합니다. 성실한 이미지를 팔고, 친절한 이미지를 팔고, 다정다감한 이미지를 팔고, 자신의 일을 사랑하는 이미지를 파는 곳 말입니다."

'커피 플레이스'에 가서 커피를 마시면 그 누구를 만나든 심리적 거리가 좁혀진다. 수인사를 나누고 나면 금세 친해진다. 그것은 누가 뭐래도 그 카페의 주인장 정동욱 씨가 그곳에 오는 사람들 마음을 잘 읽고, 필요한 것들을 세세히 챙겨 주기 때문이다.

덤으로 주는 커피 한 잔, 덤으로 주는 초콜릿 두 조각, 덤으로 주는 타르트 세 조각, 덤으로 주는 정 무한정…….

정동욱 씨가 파는 그 모든 이미지들은 카페를 찾는 사람에게 편안함을 준다. 즐거움도 준다. 위안도 준다. 꿈도 준다.

"저는 제 카페에 커피를 마시러 오는 사람의 기호를 파악하려고 노력합니다. 커피는 기호식품이잖습니까? 그러니까 내가 좋아하는 커피가 아니라 손님이 맛있어 하는 커피를 만들어야 한다고 생각합니다. 손님이 처음 오시면 몇 가지 질문을 합니다. 경우의 수를 따져서요. 질문만으로 그 손님의 취향이 파악 안 되면 때로는 관상을 보기까지 합니다."

어느 봄날에 나와 함께 그곳에 갔던, 콧수염을 기른 이도우 화백을 본 정동욱 씨는 '예술가라 커피를 진하게 많이 마실 것 같다'고 했다. 실제로 이도우 화백이 케냐 커피에 푹 빠져 사는 걸 보면 정동욱 씨의 관상술이 허튼 것만은 아닌 셈이다.

정동욱 씨는 단골들의 표정만 보고도 그들에게 당장 필요한 커피를 내 준다. 향기가 필요할 때는 향긋한 커피, 달달한 게 필요할 때는 달콤한 커피, 무거움이 필요할 때는 묵직한 커피, 가벼움이 필요할 때는 화사한 커피…….

그러나 때때로 그는 그 사람이 좋아하는 커피와는 다른 성질의 커피를 일부러 권하기도 한다. 커피에 존재하는 다양한 다른 맛을 탐미할 기회를 주는 것이다.

그 어떤 커피든 주문하면 만들어 주는 '커피 플레이스'는 주로 젊은 층이 골수 단골이다. 그 공간의 콘셉트가 심플하고 모던한 이유도 한몫하는 것일 테다. 서가에 꽂힌 책들과 앙증맞은 스피커, 다양한 퍼즐들……. 그러나 그런 테마보다 더 중요한 것은 역시 그곳을 꾸려나가는 사람이 인간미가 풀풀 나는 멋쟁이기 때문이다.

"커피 맛을 내는 데 가장 중요한 것은 사람이라고 생각해요. 생두를 선택하는 것도 사람이고, 그걸 로스팅하는 것도 사람이고, 그걸 추출하는 것도 사람이니까요. 커피를 만들 때는 누군가에게 커피로 만족을 주고 싶다고 결심하는 그 마음이 중요해요. 그런 마음이 있는 사람의 커피는 사람을 기분 좋게 만드는 단맛이 있어요. 하지만 돈만 벌려고 마음먹은 사람들 커피는 쓰죠."

어떤 종류의 감동이든 줄 수 있는 커피가 좋은 커피라고 생각하는 정동욱 씨는 '커피 플레이스'를 더 특별한 공간으로 만들려고 고뇌한다. 그 공간에 와서 커피를 마신 사람들이 집에 가서 자신과 나눈 얘기를 떠올리거나 자신이 만들어 준 커피를 떠올릴 수 있도록 신경을 쓴다. 인상적이었던 커피 맛의 잔향만큼 자신의 카페가 그들의 인상에 깊이 남아 있기를 바란다.

정동욱 씨는 여행을 하며 사진을 찍는 것을 즐긴다. 마음이 답답할 때마다 홀로 달려가서 거닐던 물안개가 피어오르는 섬진강에 이제는 가족과 함께 가고 싶어 한다. 물론 아직은 가게가 쉬는 날이면 다른 카페를 순례하느라 그런 여유로움을 만끽하지는 못하지만 말이다.

아마 우연의 일치일 테다. 정동욱 씨가 쓰는 로스터의 명칭이 드래블 마니아의 뜻을 담아 명명한 '트라니아$^{Trania}$'인 것은 말이다. 오로지 커피를 사랑하는 열정 하나만으로 양승엽 씨가 시를 첨삭하듯이 만든 그 로스터는 이름도 성능도 내 마음에 쏙 들었다. 그것을 꼭 가지고 싶을 정도로 말이다.

그 로스터로 로스팅을 하는 곳은 출입구의 맨 안쪽에 있다. 그 공간은 마치 작가가 산고를 거쳐 작품을 낳는 산실처럼 작고, 적당히 환하다. 자연배기 형식인 그 로스터로 로스팅을 할 때 정동욱 씨는 열을 어떻게 공급하고 어떻게 빼 줄 것인가를 고심한다. 그러나 반반의 전도열과 배기열로 커피를 볶는 반열풍식인 그 로스터는 장인에 버금가는 제작자가 풍부한 로스팅 경험을 통해 만들었기 때문에 커피를 볶는 사람이 흔히 범할 수 있는 실수의 폭을 줄여 준다. 정동욱 씨는 그 정교한 트라니아로 가게 문을 열기 전이나 가게 문을 닫은 후에 커피를 볶는다.

그는 생두를 보고 프로파일을 짜서 로스팅을 한 다음에 자신도 시음을 하고 단골들에게도 서너 차례 마셔보게 한 뒤에 최종적으로 로스팅 포인트를 정한다. 그는 통계적인 로스팅 프로파일보다는 일전에 볶았던 커피 맛에 대한 단골들의 반응을 더 중요한 프로파일로 여기고 커피를 볶는다. 그에게 데이터는 두 번째인 것이다. 시간에 따라 변하는 생두의 색깔을 보면서, 생두가 원두로 탈바꿈하는 소리를 들으면서, 연두색 솔로 배출되는 은피를 계속 털어내면서 커피를 볶는 그의 모습은 시인과 다를 바가 없다.

정동욱 씨는 커피 맛을 내는 데 가장 중요한 것은 사람이라고 생각한다. 생두를 선택하는 것도 사람이고, 그걸 로스팅하는 것도 사람이고, 그걸 추출하는 것도 사람이기 때문이다.

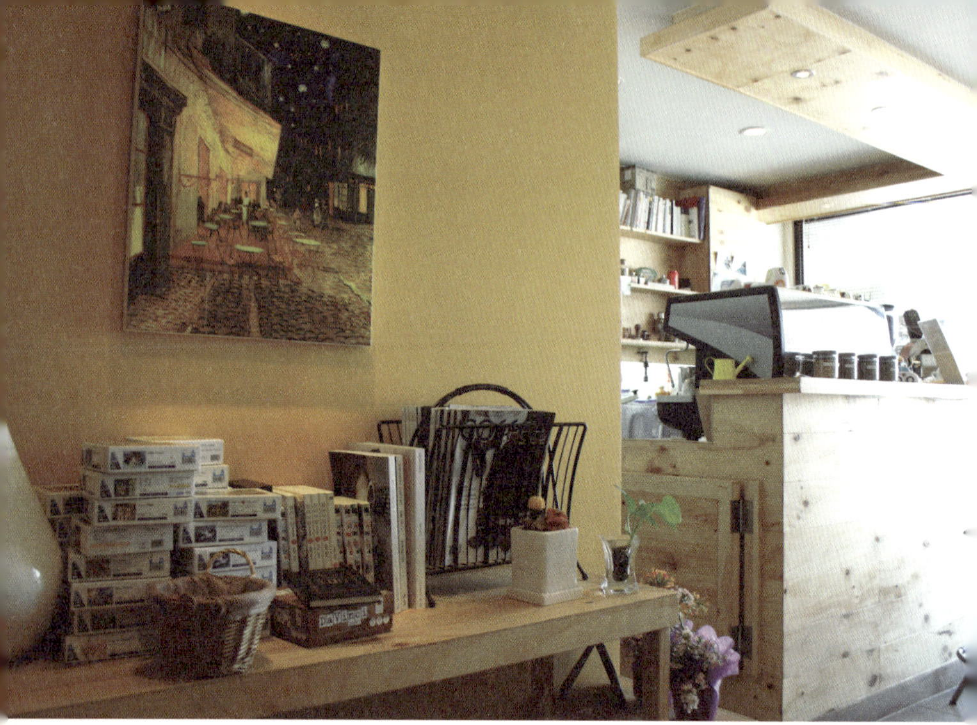

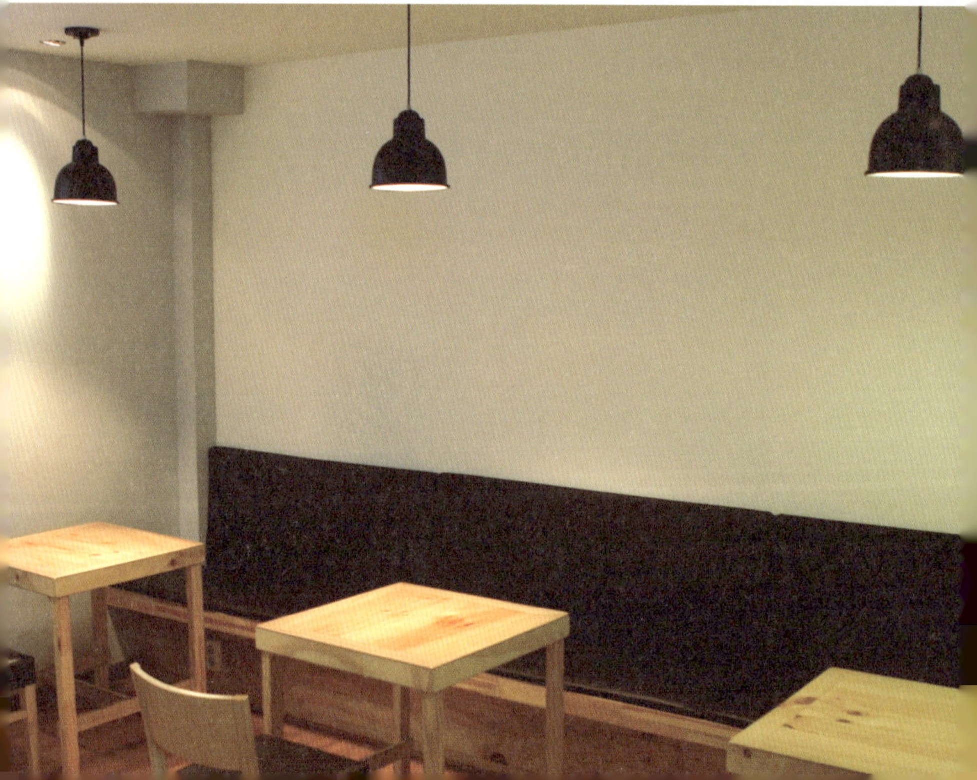

정동욱 씨는 볶은 커피를 내릴 때 바$^{Bar}$ 앞에 서서 기다리는 손님들에게 분쇄한 원두의 향기를 맡게 한다.

"미국의 샌디에이고에서 온 청년이 있었어요. 한 번도 마셔 본 적이 없다는 예가체프를 갈아서 향을 맡게 했더니 '아, 초콜릿향이 난다!'고 했어요."

신선한 원두를 갓 분쇄한 향기를 맡은 그 청년은 그 짧은 순간에 그 무엇이든 힐링이 되었으리라!

정동욱 씨는 핸드드립을 까다롭게 한다. 세 명의 손님이 한꺼번에 오든 아홉 명의 손님이 한꺼번에 오든 그는 한 개의 커피 서버에 1인분의 커피만을 내린다. 편리하게 대량으로 내리는 다른 기구를 권유하는 이들도 있으나 그는 그 방식을 고집한다. 그 추출 방식이 가장 좋은 맛을 낸다고 믿기 때문이다. 그래서 드립 커피 주문이 한꺼번에 8잔 이상씩 들어오면 세 잔씩 나누어 낼 수밖에 없다고 한다.

그는 강하게 볶은 커피는 고노 드리퍼로 내리고, 나머지는 멜리타 드리퍼$^{Melitta\ Drippr}$(추출구가 한 개이고 물길을 내는 갈빗대가 짧고 촘촘한 드리퍼)로 내린다. 포트에 온도계를 꽂고 타이머를 보며 2분 이내에 추출한다. 물론 커피마다 추출하는 속도는 다 다르지만 비교적 빠른 시간에 추출을 하는 이유는 추출 속도가 빠를수록 맑은 커피가 만들어진다고 생각하기 때문이다.

정동욱 씨가 추구하는 단맛 나는 맑은 커피에 매혹된 사람들 중에는 외국인도 많다. 경주라는 곳이 국제적인 관광도시이다 보니 그럴 것이다.

그들은 그 고도에 사흘 머물면 사흘 내내 오고 나흘 머물면 나흘 내내 와서 커피를 마신다. 그의 커피는 그렇게 국경을 초월해서 소통하는 힘을 지니고 있다.

"아주 어린 시절부터 아버지가 맥심 커피 마실 때면 그 커피를 얻어 마시곤 했어요. 아버지가 커피를 높은 데 올려놓고 외출하시면 몰래 그걸 내려서 마셨고요. 명절 때 용돈 받으면 그걸로 커피를 사 마셨어요. 그래서인지 커피집 주인이라는 직업은 저를 위해 있는 것 같아요. 높은 곳에 있던 커피가 내 것이 되었으니까요. 커피를 분석하며 공부하는 일, 커피를 추출하는 일도 적성에 맞아요. 커피를 통해 만나는 사람들하고 대화하는 것도 재미있고요. 여기 갇혀 있는데도 그들을 통해 다른 세계를 봐서 좋아요."

그 카페에 만델링을 사러 오기 시작한 40대 부부는 이렇게 말한다.

"소주 말고 집에 가서 마실 음료를 사러 오는 건 여기가 처음입니다."

커피 마니아를 하나둘 늘이고 있는 '커피 플레이스'의 로스팅 룸으로 가는 입구의 문 위에는 'You can fly away'라는 글씨가 적혀 있다.

누구든 그곳에 가면 커피 한 잔과 함께 비상할 날개를 얻게 될지도 모른다.

'오늘의 커피'는 없고 '나만의 커피'는 있다

# 까사오로
CASAORO

분점 : 부산광역시 동래구 온천동 780-2 | 051 741 5770
본점 : 부산광역시 해운대구 중2동 1533-9 해뜨는 집 3층
정승기 | 051 744 8299

입맛을 안다는 건,

당신을 안다는 것

        삼청동 입구 동십자각 근처에 '오로ORO'라는 카페가 있었다. 와인과 커피를 파는 그곳에서 주로 만났던 사람은 시인 황인숙이다. 그녀와 약속을 한 날이면 커다란 가방을 들고 가거나 얇은 보조가방을 챙겨 들고 가야만 했다. 그녀는 늘 내게 줄 책이나 예쁜 커피잔, 향기 나는 양초 같은 것들을 들고 나왔기 때문이다.
  눈을 감고도 훤히 그릴 수 있는, 정감 깊은 그 공간을 꾸려나가던 정승기 씨가 동업자인 박은수 씨와 함께 부산으로 이사를 갔다는 소식을 들었다. 부산 신세계백화점 센텀시티점의 아카데미에서 오로의 와플 앤 핸드드립 커피 강좌를 맡아 2년 동안 왕래하더니 부산에 정이 든 것일까? 나는 그들이 미련 없이 서울을 떠나 차린 커피 전문점이 어떤 곳일지 궁금했다. 조각을 전공한 정승기 씨가 대학원 시절에 용돈이나 벌자고 차렸던 것부터 친다면 커피집을 경영한 이력이 이십 년이 다 되어가

기 때문이다. 그러나 그는 이제야 비로소 검손하게 말한다.

"아, 내가 커피를 느낄 수 있는 수준이 되었구나!"

이른 아침에 그곳에 도착했을 때 나는 슬슬 걱정이 되기 시작했다. 새로운 상호를 단 '까사오로$^{CASAORO}$'가 위치한 곳이 변화가나 경관이 좋은 곳이나 주택이 밀집한 지역이 아니었기 때문이다. 그곳은 지극히 평범한 장소였다. 커피집 앞의 온천초등학교 너머로 사적지인 금정산성이 있는 금정산이 보이기는 했지만 말이다. 특이하다면 그 건물 전체가 황금색으로 빛나는 것뿐이었다.

"ORO가 황금을 뜻하잖아요. 황금은 물성이 변하지 않아요. 장사를 하는 사람도 처음에 가졌던 마음이 변하면 안 되잖아요. 또 상호를 지을 때는 거기 담긴 뜻도 중요하지만 기호학적으로도 예쁜 게 좋아요. ORO, 글씨가 예쁘잖아요?"

'까사$^{CASA}$'는 집을 뜻한다. 까사오로$^{CASAORO}$. 황금의 집. 자신이 꾸미고 싶은 공간에 어울리는 건물이어서 그랬을까? 이 6층짜리 황금색 건물은 가게 자리를 알아보러 다니던 그의 마음을 단번에 사로잡았다. 그러나 그 건물의 1층은 이미 타인이 먼저 입점 계약을 한 상태였다. '이 자리, 내 자리다!' 싶은 그곳에서 누가 무슨 가게를 하나 싶어 두 달 후에 가 보니, 이게 웬일인가? 그곳은 여전히 비어 있었다. 계약이 파기된 상태로 말이다.

"여기에 커피집을 내고 나니까 동네 사람들이 와서 물었어요. 너희 여기 아는 사람은 있니? 이 동네서 가게 하려면 초등학교 친구라도 있어야

지. 아니면……. 텃세가 강해서 아는 사람이 없으면 살아남을 수 없다는 거였지요. 그런데 6개월쯤 지나니까 그분들이 우리를 동네 사람으로 받아들여줬어요. 김장김치까지 얻어먹었어요."

커피를 마시러 오는 사람들과 재미있게 얘기를 나누며 즐겁게 장사를 하고 싶은 소박한 바람으로 서울에서 내려온 두 명의 남자는 그렇게 동래구 온천동의 지역 주민이 되었다. 목이 좋은 자리가 아닌 것을 걱정하던 그 동네 사람들이 결국 그 자리를 목이 좋은 자리로 탈바꿈시킨 것이다. 어떤 대상에 대한 애정이란 늘 이렇게 법칙을 뛰어넘는 법이다.

"동네 주민들이 집에 있다가도 '아, 커피 한 잔 하자!' 하면 올 수 있는 가게를 만들고 싶었어요. 그래서 컵 몇 개 빼고는 다 오래된 기물을 썼어요. 저 그룬딕 검정 스피커는 36년 된 거고 저 스피커는 61년 된 브라운 스피커예요."

그런 세심한 배려는 가게를 처음 찾는 사람에게도 친숙한 느낌을 준다. 세월의 손때가 묻은 것들은 언제나 사람의 마음을 편하게 하는 법이니 말이다. 그래서일까? '까사오로'는 3대가 함께 오는 커피집이 되었다. 부부나 부녀, 고부, 조부나 조모가 손자 손녀 손을 잡고 이곳으로 가족나들이를 오는 모습은 보는 것만으로도 정겹다.

"바 Bar 왼쪽에서 두 번째 의자는 다섯 살짜리 준이 이모랑 같이 와서 핫초코를 먹는 자리예요. 온도를 45℃로 맞춘 핫초코요. 밑받침 접시에 숟가락을 얹어 줘요. 먹는 숟가락도 정해져 있어요. 그 애가 10년 뒤에 어떻게 자랄지 궁금해요. 여자 친구 생기는 것도 보고 싶고, 꿈을 이뤄나

가는 것도 보고 싶고…….."

이곳에서 오래 오래 커피집을 하고 싶었던 정승기 씨는 임대차 계약을 맺을 때 건물 주인에게 최소한 10년은 장소를 사용하게 해 달라고 했다. 그런 그의 마음은 온천동 주민들에게 고스란히 전해졌다. 이제는 그들이 그에게 이렇게 묻는다.

"오래 할 거지?"

그러면서 그들은 빵 가게 갔다 오다 들러 빵 하나 건네고 가고, 과일 가게 다녀오다 들러 과일 몇 개 덜어놓고 간다. 집에서 별미라도 만드는 날이면 그것을 싸 들고 와 맛보라고 권한다. '까사오로'는 그렇게 온천동 주민의 사랑을 듬뿍 받는 공간이 된 것이다.

어떤 대상이든 사랑을 받는 데는 다 이유가 있기 마련이다.

정승기 씨는 로스터리 카페의 희소성만을 앞세우려 하지 않는다. 커피는 '오로지 즐겁게 마시는 음료'라고 생각하기에 좀 더 맛있게 만들려는 노력을 제일 우선시한다.

그러기 위해 정승기 씨가 가장 먼저 하는 일은 품질 좋은 생두를 구입하는 일이다. 그는 맛의 70%를 결정하는 것이 재료라고 믿는다. 그가 원하는 충분한 맛을 낼 수 있는 최고 등급의 생두는 당연히 비싸다. 그러나 그는 그 값을 기쁘게 지불한다. 그가 세 군데의 판매처에서 생두를 구입하면 그 금액의 일부가 제3세계 커피 생산자들과 어린이들을 위해 가치 있게 쓰이기 때문이다.

그 아름다운 일은 '까사오로'에서도 이루어진다. 그는 원두 판매액의

금은 변하지 않는 가치를 상징한다.
'까사오로'는 커피의 변하지 않는 마음을 담아낸다.

10%를 지역사회에 환원한다. 커피 리필 값 천 원도 마찬가지다. 그곳에서 커피를 한 잔 리필해 마시면 어린애에게 밥 한 끼를 더 먹이는 나눔을 행하는 셈이다.

커피는 마음을 풍요롭게 하는 음료이기 때문에 마음을 풍요롭게 하는 일도 행해야 된다고 생각하는 정승기 씨의 그 향기로운 마음이 고스란히 담긴 것이 '까사오로'의 커피다.

"마음이 있는 커피랑 마음이 없는 커피랑 완전히 달라요. 그래서 저는 기분이 우울할 때나 몸이 아플 때는 드립을 안 해요. 제 몸과 마음 상태가 안 좋으면 은수가 드립을 하고, 은수 몸이나 마음 상태가 안 좋으면 제가 드립을 해요."

'까사오로'에서 마시는 한 잔의 커피에는 커피만 담겨 있는 것이 아니다. 커피를 만드는 사람과 그 커피를 마시는 사람이 공감할 수 있는 것은 무엇이든 다 담겨 있다. 그날의 날씨와 이웃의 안부와 서로가 꾸는 꿈의 색깔까지 오롯이 담겨 있다. 그래서 그 커피를 한 잔 마시면 따스한 손을 맞잡거나 어깨동무를 하거나 포옹을 한 것만 같아 마음을 열게 되고, 웃게 되고, 꿈을 꾸게 되는 것이다. 친구가 되고 싶은 사람에게, 연인으로 만들고 싶은 사람에게, 멘토로 삼고 싶은 사람에게 '까사오로'에 가서 커피 한 잔을 함께 마시자고 청하고 싶어지는 것이다.

그렇게 누군가와 함께 걸음을 하는 단골손님들을 위해 '까사오로'에서는 늘 메뉴판에는 없는 특별한 커피들을 준비해 두고 있다. 내가 그곳에 갔을 때는 파나마 게이샤, 도미니카 산토도밍고, 네팔 커피가 있었다.

언제든 가고 싶은 장소로 정해 둔 곳이 '까사오로'인 사람은 아무 때나 그곳에 가기만 하면 그런 특별한 커피를 맛 볼 수 있으리라!

그러나 자메이카 블루마운틴이나 코피 루왁 같은 커피를 기대하지는 말아야 한다. 비싼 값하는 빼어난 맛 때문이 아니라 그 희소성 때문에 터무니없이 비싼 커피들은 아예 취급을 하지 않기 때문이다. 그곳에서는 그저 그 누구라도 아무 때나 부담 없이 즐길 수 있는 착한 가격대의 커피들만 판다. 그러나 그 맛은 차별화되어 있다.

"자메이카 블루마운틴만 드시던 분인가 봐요. 여기 와서도 그 커피를 찾으시더라고요. 잠시 고민을 하다 멕시코 알투라를 추천해 드렸어요. 맛에 대한 자기 선이 예민한 분이셨는데, 그 커피가 마음에 드셨었나 봐요. 요즘은 오실 때마다 이렇게 말씀하세요. 이집 커피는 다 맛있으니, 오늘 좋은 거 아무 거나 주세요!"

까다로운 입맛을 가진 사람의 기호를 충족시키는 일은 쉽지 않다. 커피 맛을 느끼는 사람의 오감은 고성능 거짓말 탐지기보다 더 정직하기 때문이다. 그래서 맛의 정직함만큼이나 정직하게 커피를 만들어야 사람의 마음을 움직일 수 있는 것이다.

정승기 씨는 카페라테를 만들 때 제주도 유기농 우유를 쓴다. 우유 하나를 고르는 것만 보아도 그가 그만의 특별한 맛을 내기 위해 얼마나 고심하는지 알 수 있다. 그가 승부를 거는 것은 돈벌이가 아니라 개성 있는 맛을 지닌 커피를 만드는 것이다. 우회로이기는 하나 그 길이 그에게 경제적인 풍요로움도 안겨 준다면 얼마나 좋을까!

정승기 씨는 로스팅을 할 때
예민하지 않은 커피를 먼저 볶는다.
생두의 성질에 따라 그 순서를 다르게 정하는
그의 분별력이 커피를 특별하게 한다.

"조화로운 커피 맛을 내기 위해서는 원두, 로스팅, 드립 삼박자가 다 맞아야 합니다. 커피 로스터는 제가 만들려고 했는데, 친구가 만들어줬어요. 커피를 모르는 사람이 만든 거라 불편한 부분이 있어서, 쓰면서 제가 개조를 좀 했습니다. 제 로스터는 전기식입니다. 제가 써 보니까 전기 로스터가 최고인 거 같아요."

그러나 정승기 씨가 커피 로스터의 기종보다 더 중요하게 여기는 것이 있다. 그것은 잔에 담겨 나오는 최종적인 커피의 맛이다. 한 잔의 커피에서 느껴지는 맛, 그것이 바로 커피에 대한 모든 답이라는 게 그의 생각이다. 수없이 다양한 답 중에서도 가장 최선의 답을 찾기 위해, 그는 오늘도 로스터 앞에서 미세한 맛까지 찾을 수 있는 소리에 귀를 기울인다.

'까사오로'의 문을 열고 들어가면 오른쪽에 주방을 겸한 로스팅 룸이 있다. 왼쪽의 선반에는 미리 핸드픽을 해 둔 생두가 든 통들이 한 칸 한 칸 자리를 잡고 있다. 그 직사각형의 공간 맨 안쪽에 로스터가 놓여 있다. 한 번에 1kg을 볶을 수 있는 기계지만 정승기 씨는 매번 600~700g씩 정선된 생두만 볶는다. 맛의 폭발성을 지닌 에스프레소를 만들 것과 맛의 정수를 뽑아 낼 핸드드립을 할 것을 구별해서 볶는다. 그는 생두를 넣어 원두로 꺼내는 순간까지 목장갑을 낀 채 로스터 앞을 떠나지 않는다. 그 시간 동안 그는 더없이 순수해진다. 한순간이라도 잡생각을 하거나 한눈을 팔아 로스팅 포인트를 놓치면 원하는 맛을 낼 수 없기 때문이다.

로스팅을 할 때 정승기 씨는 예민하지 않은 커피를 먼저 볶는다. 잔을 비웠을 때 후추 한 알이 목에 탁 걸렸다 넘어가는 느낌이 들게 해야만 하는 온두라스 커피나 그 느낌을 백배로 확대한 것과 같은 산토도밍고 커피, 발효된 느낌이 강한 인도 몬순 말라바 커피 같은 것들은 초반에 볶지 않는다. 똑같은 날 똑같은 기계로 하는 로스팅이지만 생두의 성질에 따라 그 순서를 다르게 정하는 그의 분별력이 결국 '까사오로'의 커피를 특별하게 만드는 것이다. 그 커피의 장점은 충분히 진하지만 쓰지 않다는 것이다. 문득 정승기 씨는 어떤 커피를 좋아하는지 궁금해졌다.

"평생 한 가지 커피만 마시고 살아야 한다면 저는 브라질 펄프드 내추럴을 선택하겠어요. 충분한 단맛, 약한 신맛, 적절한 바디감이 있거든요. 무덤덤한 것 같지만 자연스러운 모든 맛을 다 갖고 있지요. 핸드드립 커피를 처음 접하는 사람에게 저는 늘 그 커피를 권해요."

정승기 씨는 나에게 브라질 옐로우 부르봉 펄프드 내추럴을 내려 주었다. 30g으로 두 잔을 내려 내게 준 그 커피는 가게 앞에 서 있는 자전거의 노란색처럼 맛이 선명했다.

그날의 날씨, 커피를 마시러 온 손님의 몸과 마음의 상태, 일전에 그 손님이 마신 커피의 종류, 그 손님이 선호하는 느낌의 커피를 일일이 파악한 뒤에 오직 그 손님만을 위한 커피를 내리는 정승기 씨는 '까사오로'를 찾는 사람들에게 이런 말을 할 자격이 충분히 있다.

"너에게 까사오로라는 커피집이 있다는 게 행운 아니니?"

\* 정승기 씨는 2013년 9월 14일에 해운대 해뜨는 집 3층에 까싸오로 본점을 개업했고, 온천동 까사오로는 새로운 주인을 만나 분점의 형태로 현재도 영업 중입니다. 정승기 씨는 각별한 애정으로 까사오로를 더욱 많은 사람이 찾는 문화공간으로 바꿔 나가고 있습니다.

'오늘'을 '오래된 미래'로 만드는 곳
## 커피 볶는 집 커피 린

충남 서산시 예천동 556-1 | 명인숙 | 041 667 0284

한결같다는 건,

삶을 가꿀 줄 안다는 것

커피 린에서는 상위 1% COE 커피를 씁니다.
0.1% COE$^{\text{Cup of Excellence}}$는 일종의 커피 올림픽입니다.
커피 생산 국가별로 대회가 열리고 5차례 엄격한 심사를 거쳐서
84점 이상을 획득한 커피를 그해 최고 커피로 인정하고
'COE 커피' 타이틀을 얻게 됩니다.

안면도로 가는 서해안의 작은 도시에 있는 '커피 볶는 집 커피 린'의 메뉴판 한쪽에 적혀 있는 글이다. 그곳의 주인인 명인숙 씨는 자신이 운영하는 커피집에서 쓰는 커피 중 대여섯 종류는 COE 커피를 쓴다. 식재료도 좋을 것을 써야 음식의 맛이 좋듯이 커피 역시 좋은 생두에서 좋은 맛이 나온다고 생각하기 때문이다. 그 생두가 보통의 것보다 가격이 5~6배나 비싸지만 그녀는 점진적으로 메뉴판에 있는 커피들을 COE 커피

로 바꾸려고 한다. 그리하여 메뉴에 있는 모든 커피를 COE 커피와 스페셜티 커피 Specialty Coffee(미국 스페셜디커피협회에서 분류한 다섯 가지 등급의 커피 중 일등급 커피)로 바꾸는 것이 현재 그녀의 야무진 꿈이다.

"좋은 생두를 찾았을 때 맥박 수가 빨라지고 흥분이 돼요. 그리고 그런 생두가 제 손에 들어왔을 때 그 느낌이란……. 절로 웃음이 나지요. 생두 통에서 농익은 과일 향이 나서 너무 기분이 좋아요. 온갖 향이 다 들어 있는 느낌이 들고……. 부케처럼 속이 꽉 찬 느낌이 들어요."

자신의 커피집에 오는 사람들에게 한 잔이라도 더 맛있는 커피를 마시게 하려는 명인숙 씨의 그 마음씨만 보아도 그녀가 얼마나 정성을 다해 커피를 만들고 있는지 알고도 남는다.

"처음 이곳에서 핸드드립 전문점을 했을 때, 핸드드립 커피가 잘 알려지지 않은 상태에서 COE 커피를 들여와 한 잔에 8~9천원으로 가격을 책정했는데 한 잔도 안 나가는 거예요. 그래서 고심한 끝에 지금은 6천5백 원에 리필까지 해 드려요. 커피가 맛있는 건지 맛이 없는 건지 구분을 못하던 분들도 이제는 맛있는 커피 맛이 어떤 건지 아는 것 같아요. 그냥 맛있으면 그만입니다. 하하."

지금의 '커피 볶는 집 커피 린'은 스무 평이던 가게를 열 평 더 넓혔고, 5kg짜리 프로밧 로스터를 샀다. 조금이라도 더 여백이 있는 공간을 만들고, 최상의 맛을 찾을 수 있는 커피를 볶기 위해서다. 그것은 명인숙 씨가 그만큼 오래오래 커피장이로 살고 싶다는 뜻일 테다.

"이웃집 같은 커피집이고 싶었어요.
슬리퍼 신고도 올 수 있는 그런 집이요.
이웃을 표현할 한자가 뭐가 있을까 했더니 '린(隣)'이 있었어요.
그래서 그 말을 넣어 상호를 정했어요."

'커피 볶는 집 커피 린'에 가면 세 개의 로스터가 있다.

그중 하나는 대학교에 입학했을 때부터 커피를 마시기 시작한 명인숙 씨가 커피집을 내기 이전부터 즐거이 커피를 볶던 자작 로스터다. 국내에서 가장 열정적이고 순수한 아마추어 커피장이들의 모임인 커피마루에서 활동하던 시절에 구해 쓰던 것인데 지금은 취미교실에서 커피 공부를 하는 수강생들에게 중요한 역할을 한다. 반면, 최근 구입한 5kg짜리 프로밧 로스터는 손님들에게 가장 큰 호기심거리다.

"저거 난로예요?"

"네. 저거 너무 좋은 난로예요."

로스터를 잘 모르는 손님들이 무안해 하지 않도록 웃으며 응대를 한 뒤에 명인숙 씨는 기회를 봐서 그것의 용도를 자세히 설명해 주곤 한다. 그녀는 커피집을 하기 이전에는 말수가 적었으나 커피집을 하고 나서부터는 손님들의 얘기를 들어주고 맞장구를 치느라 수다쟁이가 되었다.

그런 그녀의 소박한 개인 작업실은 아치형의 이중문을 열고 '커피 볶는 집 커피 린'의 실내로 들어가면 바로 왼쪽에 있다. 그녀의 책상 위에는 등과 카세트 라디오, 로스팅 수첩과 노트가 놓여 있다. 그 수첩과 노트에는 그녀가 로스팅을 잘 하기 위해 고심한 나날과 커피집을 잘 꾸려 나가기 위해 고민한 흔적이 빼곡하게 담겨 있다.

그 작업실의 왼쪽에 또 하나의 로스터가 있다. 환경학을 전공한 뒤 서울에서 직장 생활을 하던 명인숙 씨가 고향으로 내려와 2009년 9월 18일에 '커피 볶는 집 커피 린'의 문을 열면서 장만한 로스터다. (주)태환자

동화산업에서 생산한 1kg짜리 프로스타다. 그녀는 그 로스터를 '쿰'이라 부른다. '쿰'은 중남미에서 '함께'라는 뜻으로 쓰이는 말이다. 그녀가 쿰으로 로스팅을 할 때 늘 핸드픽을 하면서 모아 둔 결점두를 첫 배치로 볶아 손님들에게 방향제로 쓰라고 나누어 주었다.

그 녀석을 대신해서 요즘 명인숙 씨의 사랑을 독차지하는 프로밧 로스터의 이름은 '리니'다. '린'의 어감을 살려서 그렇게 부르는 것이다. 그 녀석으로 로스팅을 할 때마다 그녀는 다정하게 말한다.

"리니야, 잘 부탁해!"

그러다 얼른 출입문 쪽에 있는 '쿰'을 보며 혼잣말을 한다.

"쿰이 들으면 서운해 하겠지? 1년 동안 나랑 같이 했는데……."

편애를 안 하려고 애를 쓰기는 하지만 그래도 명인숙 씨는 프로밧에 대한 사랑을 숨기지 못한다.

"리니, 너무 좋아요! 리니, 매력적이에요!"

그러나 처음에 리니로 로스팅을 할 때는 실수도 많이 했다. 로스팅 수업을 받던 프로밧은 구형이었고, 그녀가 구입한 것은 신형이었기 때문이다. 그때 그녀는 그 로스터에 적응을 하느라 많은 원두를 버렸다. 그 원두는 방향제로 쓰라며 동네 사람들에게 나누어 주었다. 그랬더니 요즘도 동네 사람들은 명인숙 씨에게 웃으며 말한다.

"실수 안 해요? 제발 실수 좀 하세요!"

'커피 볶는 집 커피 린'에서는 원칙적으로 정해진 기간이 지난 원두는 갈아서 손님들에게 방향제로 쓰라고 선물한다.

처음처럼, 한결같이……. 그렇게 마음을 담은 커피가 있는 곳,
'커피 볶는 집 커피 린'이다.

"요즘 커피는 신맛이 강세이긴 하지만, 여기서 커피 린을 시작했을 때는 손님들이 구수한 맛을 좋아하셨어요. 그래서 처음에는 생두의 특성을 살리긴 하되 손님들이 좋아하는 맛을 더 살리는 방향으로 로스팅을 하는 편이었죠. 그런데 1년 넘게 커피 수업을 하면서, 커피에서 신맛이 중요한 부분을 차지한다는 것을 손님들이 자연스럽게 알게 된 거예요. 그래서 지금은 생두의 특성을 100퍼센트 살립니다."

명인숙 씨는 날씨가 좋든 궂든 아침에 출근을 하면 건너편 산에서 들려오는 새소리를 들으며 마당을 먼저 쓸고, 커피를 볶는다. 그렇게 볶은 커피로 핸드드립을 할 때 그녀는 1인분의 커피도 손님들 취향에 따라 다르게 내린다.

커피를 연하게 달라고 주문을 하면 분쇄한 10g의 원두로 100cc를 내려서 희석을 하고, 커피를 진하게 달라고 주문을 하면 15g이나 20g의 분쇄한 원두로 150cc를 내려 희석을 하지 않는다. 커피를 추출하는 물의 온도는 약배전인 경우는 93℃, 강배전인 경우는 88℃를 기준으로 삼는다. 그러나 볶음도에 따라 그 사이의 온도를 오가며 조절을 한다.

'커피 볶는 집 커피 린'에서는 새로운 커피 추출 도구가 출시되면 그것들로 커피를 내리는 시도를 한다. 손님들에게 커피의 다양한 맛을 선사하기 위해서다. 요즘은 금속필터인 코아바 콘 커피 필터$^{\text{Coava Kone Coffee Filter}}$(스테인리스 판에 레이저로 미세한 구멍을 뚫어 만든 드리퍼)로 내리는 재미에 빠져 있다가 수업 재료로 쓰고 있다.

그녀가 내리는 커피를 마시고 싶다고 생각한 날, 하필이면 폭우가 쏟아졌다. 하지만 난 아랑곳없이 그 바닷가의 도시를 향해 길을 떠났다. 도로는 텅 비어 있었다. 빗줄기가 세차게 떨어지며 만드는 물안개만이 그곳이 검은 아스팔트라는 것을 알려 줄 뿐이었다.

그 도시에 도착했을 때는 태풍경보에 놀란 상가들이 모두 문을 닫아걸어 어둡기 그지없었다. 문이 닫힌 그녀의 커피집을 둘러본 뒤에 밤바다를 보려고 꽃지해수욕장으로 갔다. 파도가 계단식 논처럼 문양을 만들며 밀려왔다. 전설처럼 사랑을 이루려고 꽃지를 보러 왔던 그 숱한 발길처럼……. 그 속에 발자국 하나를 더했다.

파도소리에 몸을 뒤척이느라 밤새 잠을 설치고 다음 날, 나는 고대하던 커피를 마시러 갔다.

웃으며 나를 반긴 명인숙 씨는 내가 처음 본 케맥스라는 드리퍼로 예멘 모카 마타리를 내려 주었다. 나에게는 가슴 아린 추억을 일깨우는 이름의 커피지만 그것을 모르는 그녀는 정성을 다해 커피를 내렸다.

"이 드리퍼는 독일의 화학자가 만들어 발명특허 받은 거예요. 먼저 뜨거운 물을 부어 종이필터 냄새를 빼요. 그러면 다른 것보다 두꺼운 필터도 드리퍼에 착 달라붙어요. 그 다음에 분쇄한 원두를 넣고 물을 필요한 양만큼 부어요. 그 다음에 나무스틱으로 저어 줘요. 여과식과 침지식을 합친 방식이에요. 이 방식은 일본식과는 좀 달라요. 기존의 핸드드립 문화가 일본 방식이기 때문에 그것만을 따라가고 싶지는 않았어요. 어떤 도구를 쓰든지 기본은 지키되 저만의 방식으로 커피를 추출하고 싶거든요. 그리고 또 한 가지 비밀을 알려드릴게요. 이 케맥스는 곡물이 포함된

필터로 추출하는 거라서 쓴맛과 잡맛 등을 잡아 주기 때문에 바보가 내려도 맛있습니다. 하하."

그녀가 낮은 목소리로 나의 귓가에 소곤댄다.

나는 바$^{Bar}$에 앉아서 그녀가 커피를 내리는 모습을 바라보았다. 그 모습을 지켜보면서 나는 알았다.

서산 사람들이 누군가와 약속을 정할 때마다 "린에서 만나자!"라고 말하는 이유를 말이다. 서산 사람들이 이 카페를 오래된 친구의 집처럼 생각하거나 자기 집처럼 편안하게 생각하는 이유를 말이다.

그들은 '커피 볶는 집 커피 린'에만 있는, '잡맛이 없고, 부드러운 맛'을 지닌 커피를 만들려고 다양한 시도를 하는 명인숙 씨의 마음을 그 누구보다 잘 헤아리고 있는 것이다. 자신의 커피집을 찾는 사람들의 기분까지 세세히 챙기는 명인숙 씨의 마음 씀씀이 또한 충분히 느끼고 있는 것이다.

"어찌되었든 이웃 같은, 이웃집 같은 커피집이고 싶었어요. 슬리퍼 신고도 올 수 있는 그런 집이요. 이웃을 표현할 한자가 뭐가 있을까 했더니 '린'이 있었어요. 그래서 그 말을 넣어 상호를 정했어요."

가까운 곳에 살든 먼 곳에 살든 명인숙 씨의 이웃이라고 느끼는 단골들은 부단히 음식을 싸다 나른다. 내가 그곳에 갔을 때도 이웃에서 쟁반에 뭔가를 받쳐 들고 왔다. 그것은 내가 좋아하는 부침개였다. 부추에 오징어까지 듬뿍 다져 넣은.

"손님들 덕분에 굶지는 않아요. 어떤 날 어떤 분은 기숙사에서 어묵국을 끓였다며 김이 펄펄 나는 상태로 들고 오시고, 어떤 날 어떤 분은 빵을 구웠다며 가져 오시고……. 구하기 힘든 음반, 책, 소품……. 커피 린은 손님들이 만들어가고 채워 주시는 것 같아요."

아침에 출근을 해서 커피머신을 세팅하면서 에스프레소를 한 잔 마실 때, 커피가 맛있으면 온종일 기분이 좋다는 명인숙 씨는 손님 개개인을 잘 챙긴다. 그녀는 단골손님들의 이야기를 잘 들어준다. 그러다보니 이제는 손님들 얼굴만 보고도 그들의 마음 상태를 파악할 수 있게 되었다.

'아, 오늘은 우울하신가 보구나! 뭘 좀 챙겨 드려야지.'

'단 것 드리면 기분이 좋아지시겠지?'

그녀는 커피를 마시며 생각에 잠긴 단골손님들의 안색을 보고 그들에게 필요한 것을 덤으로 내준다. 달콤한 케이크, 입에서 살살 녹는 아이스크림, 바삭바삭한 와플……. 그들을 걱정하는 그녀의 마음도 가만히 곁들여서 낸다.

그런 명인숙 씨의 정에 감복하여 산 너머 산사의 비구니 스님들도 재를 넘어와 원두를 사고 커피를 마시러 나들이를 한다. 스님들은 자신들이 쓴 털모자를 보고 "한 번 만져 봐도 돼요?"라고 묻는 털털한 성격의 명인숙 씨를 아낀다. 또 어떤 손님은 사이폰으로 커피를 내릴 때 커피가 안 내려져서 당황하는 그녀의 꾸밈없는 모습에 마음을 빼앗긴다. 명인숙 씨 혹은 '커피 볶는 집 커피 린'은 어느새 그 누구에게든 담장을 허문 이웃이 된 것이다.

"커피 맛은 당연한 것이고, 사람관계를 중시하자!"

명인숙 씨가 커피집 문을 열면서 세웠던 원칙이다.

그 원칙에 충실하다보니 처음에는 까다롭게 굴던 사람들도 이제는 다 단골이 되었다.

"사람을 대할 때 어떤 사람이든 진심으로 대하면 그 마음을 그 사람이 아는 거 같아요. 시간은 좀 걸려도요."

"사람의 마음을 움직이는 건 결국 사소하지만 따스한 거죠!"

'커피는 나에게 즐거움이자 놀이'라고 말하는 명인숙 씨는 고수가 되는 것보다 '커피 볶는 집 커피 린'에서 즐거움을 찾고 싶어 한다. 그곳에서 정말 재미있게 살고 싶어 한다. 머리가 희끗희끗해질 때까지 단골들과 나이 들어가면서 더불어 살고 싶어 한다. 그래서 그녀는 다양한 방식으로 손님들과 소통을 시도한다. 요즘은 수반에 구피라는 물고기를 키우면서 손님들에게 분양해 주는 재미에 빠져 있다.

또한 매달 출간되는 커피와 관련된 신간과 월간지를 보며 새로운 정보를 얻는 그녀는 커피를 알고 싶어 하는 사람들에게 실비만 받고 커피 교육을 하고 있다. 커피를 잘 알아야 그 오묘한 맛을 더 풍부히 느낄 수 있다고 생각하기 때문이다.

'커피 볶는 집 커피 린'에서 커피 값을 지불할 때 계산대의 컴퓨터 화면을 유심히 본 사람은 하하하 웃었으리라. 그곳의 바탕화면에는 '니카라구아…링거 한방 놔 주셔욧' 하는 문구와 함께 커피에 중독된 한 사람이 커피가 주성분인 링거를 맞고 있는 그림이 깔려 있으니 말이다. 웃음이 가득한 얼굴로 출입문을 나설 때 명인숙 씨의 작업실을 곁눈질로 슬쩍 본 사람들은 알리라. 명인숙 씨가 '커피 볶는 집 커피 린'을 열면서 소망한 것이 얼마나 아름다운 것인가를!

> 햇빛이 잘 드는 테라스에
> 머리가 하얗게 새어버린
> 부드러운 미소를 지닌 그녀가
> 오랜 숙련함으로 커피 한 잔을 내온다.
> 커피 볶는 집
> 커피 隣
> Lyn
> 이웃할 린, 여전할 린, 도울 린

날것 그대로의 커피가 꿈틀대는 곳

# 인디고
indigo

멈추지 않는다는 건,

끝나지 않는다는 것

  그 골목길에는 연가가 있다. 그 골목길을 지나다니는 사람들은 매일매일 마음을 평화롭게 만드는 연가를 듣는다. 비가 내리고, 바람이 불고, 눈이 내리는 날에도 그 연가는 쉬지 않고 흘러나온다. 그 골목에는 그렇게 연가와 함께 봄이 왔다 가고, 여름이 왔다 가고, 가을이 왔다 간다.
  그 딱딱한 회색의 도시에 겨울이 왔다. 바다에서 불어오는 차가운 바람을 피해 골목길로 접어든 한 소녀는 페인트가 떨어져나간 낡은 벽에 나 있는 작은 문을 발견하고 그곳으로 다가간다. 그 문 앞을 기웃거리던 그녀는 빙그레 웃으며 곧 문을 열고 안으로 들어간다.
  그녀는 달콤한 카페라떼를 믹기 시작한다. 카페라떼를 믹는 동안 주위를 돌아본다. 그녀는 그 골목길에 울려 퍼지던 연가의 정체를 알아차린다. 그것은 노르스름한 조명이 있는 구석진 자리에 놓여 있는 구식

커피, 추억을 끓이다　231

라디오에서 흘러나오는 노래였던 것이다.

골목길의 연가는 그 소녀와는 다른 도시에 사는 내 귀에까지 들려왔다. 나는 한 번도 가보지 못한 그곳이 꿈에도 그리웠다. 어느 날, 나는 작정을 했다. 그리고 길을 떠났다. 물어물어 그 골목 어귀에 도착했다.

그 골목의 끝에는 어딘가로 연결되는 길이 휘어져 있었다. 한 번도 가보지 않은 길이었지만 그 골목 어딘가에 서면 누군가 골목의 저 끝에서 무표정한 얼굴로 터벅터벅 걸어 나올 것만 같았다. 나는 얼른 골목 입구의 벽에 붙은 안내판을 보았다.

슬레이트 지붕의 처마 밑에 붙박여 있는 그것은 두 개의 직사각형 양철 조각을 아래위로 잇댄 뒤에 하얀 페인트를 칠한 것이었다. 칠은 군데군데 벗겨져 나갔으나 그곳에 적혀 있는 글씨는 선명했다. 빨강 페인트에 검정 페인트를 약간 섞어서 쓴 글씨였다.

인디고.
Indiego
드립 커피.
차. 음료. 북 카페.
테이크아웃 전문.
← 골목길 안.

두 개의 양철 조각 중 위의 공간에만 글씨가 적혀 있고, 아래의 공간은 하얗게 비어 있었다. 나는 그 여백이 마음에 들었다. 그 화살표를 따라 들어간 곳에서는 어쩐지 세월의 더께가 정감 있는 여백을 한 조각 선물 받을 수 있을 것 같았다.

나는 골목 안으로 걸음을 떼어놓았다. 천천히. 한 걸음, 두 걸음……열 걸음.

좁다란 골목의 왼쪽에 문이 하나 바깥으로 나 있었다. 누구든 열 수 있도록 말이다. 그 문의 위에는 양철에 페인트를 칠해 인디고라는 글씨를 쓴 네모난 상자가 얹혀 있었다.

긴 세월이 흘러 잉크가 다 날아간 연애편지 같은 빛깔로 서 있는 '인디고Indiego'의 문을 열었다. 2007년 3월 20일부터 열리기를 기다리던 그 문의 금속성과는 전혀 다른 성질의 세계가 문 안에 숨어 있었다. 나는 무엇부터 구경을 해야 할지 몰라 눈을 반짝거렸다.

"인디고는 제가 정말 좋아하는 색깔이에요. 제가 푸른빛은 다 좋아하거든요. 그런데 영어 표기가 좀 다르네요?"

나는 Indiego라는 글씨가 적힌 인디고 빛깔의 2인용 탁자에 앉고 싶었으나, 먼저 주방으로 다가가 '인디고'의 주인인 최우영 씨에게 말문을 텄다.

"Indie의 의미에서 '독립된'이란 의미를 가져왔습니다. go는 단순히 '나아간다'는 의미로 제가 합성어로 붙인 겁니다. 'Let's go indie! 가자 해방으로!'라는 말을 생각한 게 시작이었습니다. 너무 과격한 거 같아

살짝 바꿨죠. 의미의 확장이 좀 무리인 듯 했지만 미국 친구에게 그 얘기를 하면서 그런 의미가 느껴지냐고 물었을 때 바로 이해가 된다고 했습니다. 그래서 용기를 내 상호를 'Indiego<sup>인디고</sup>'로 정했습니다."

최우영 씨에게 상호에 얽힌 이야기를 듣고 나니 사전에 없는 그 말의 뜻이 충분히 이해가 되었다. 그는 자신이 만든 커피를 마신 사람들이 그 어떤 구속으로부터도 자유롭기를 원했나 보다. 그래서 '인디고'에는 자신의 영혼이 자유롭기를 꿈꾸는 사람들이 속속 모여든다. 그들이 하나같이 손에 들고 오는 것은 카메라다. 아마 '인디고'의 주인장이 사진을 찍는 취미를 갖고 있기 때문일 테다. 최우영 씨가 원양어선의 선장이었던 아버지가 수집한 카메라를 들고 사진을 찍기 시작한 지는 10년이 훨씬 넘었다. 그는 현재 '라이카 M6', '엡손 R-D1S', '후지필름 X-100' 카메라를 주로 이용해서 사진을 찍는다.

'인디고'에는 여러 대의 카메라가 전시되어 있는데, 그것들을 보는 순간 나는 아무 카메라나 집어 들고 사진을 찍고 싶어졌다. 렌즈를 통해 세상을 걸러내고 싶은 마음이 들었다고 해야 할까. 그럼 이 난개발의 세상이 좀 다르게 보일 것만 같았다. 나와 비슷한 욕망을 가진 사람들이 '인디고'에 모여 커피를 마시다가 자연스럽게 동호회를 만들어 출사를 다니기 시작한 때가 2007년 9월이다. 그때는 네댓 명이 한 달에 두 번 정도 사진을 찍으러 나갔다. 전라도나 부산 근교로 말이다. 그러나 요즘은 스무 명 정도로 그 인원이 불어났다. 출사를 가는 주기는 길어졌지만 말이다.

아직은 산동네가 많아 다양한 골목길이 남아 있는 부산은 사진을 찍

잊혀진 꿈도 안식이라는 대지 위에서
새싹을 틔우고 씨앗을 뿌린다.

기에 안성맞춤이라고 한다. 마음을 움직이는 풍경이 많다는 얘기다.

"사진을 통해서 만난 사람이 많습니다. 저한테는 커피처럼 사진 역시 소통의 도구지요. 사진은 찍고 찍어도 모자라는 것 같아서 잘 찍는 분들한테 묻다보니 그들과 친해졌어요. 저는 특히 스냅 사진 찍는 걸 좋아해요. 골목을 걷다가 아이들을 만나면 이런저런 얘기를 하다가 순간적으로 셔터를 눌러요. 그러면 아주 근사한 표정이나 풍경을 얻게 되지요. 그게 사진의 매력 같아요. 기억하고 싶은 순간을 정지시켜 두는 것이요. 요즘은 장노출의 재미에 빠져서 주로 새벽에 출사를 가요. 부산이 바다에 접해 있잖아요? 새벽에 바다에 가면 정말 좋아요. 특히 낙동강 하구 끝에 있는 다대포는 촬영지로 굉장히 유명하지요."

오래 기다렸다 포착한 한 컷의 아름다움을 혼자 보기가 아까워서 최우영 씨는 그 사진들을 '인디고'의 여백에 붙여 놓기 시작했다. 그러자 그 곁에 차영빈 씨가 붙이고, 안지환 씨가 붙이고, 황가희 씨가 붙이고……. 그러다 정기적으로 사진전을 열자는 데 의견이 모아졌다.

"공식적으로 제 사진전은 아직 못했습니다. 결과물이 썩 맘에 들지도 않은 이유도 있고, 제 가게에 제 사진을 사진전이라고 이름 붙여서 내보이기가 민망해서요. 현재 초등학교 2학년인 제 딸 신우의 사진전은 인디고 멤버들이 찍었던 신우의 사진으로 전시를 했었습니다. 물론 그 전시회 때는 제가 찍은 신우의 사진도 여러 장 있었죠."

시인이 되고 싶었던 아빠처럼 시 쓰기를 좋아하는 신우의 시는 가게 입구의 칠판에 적혀 있다. 신우의 시란 이름으로.

"제가 독일로 독문학을 공부하러 갔을 때였어요. 그곳에 머무는 동안 가장 부러웠던 게 카페 문화예요. 작은 카페에서 공연을 한다고 해서 가서 보면 세계적인 재즈 연주가가 와서 연주를 하고 있는 거예요. 그 작은 공간 안의 사람들은 그 연주에 열광을 하고요. 본에 잠시 있을 때 작은 성당에 가곤 했는데, 거기서 오르간 연주회가 있었어요. 그런데 그 오르간 연주자가 세계적으로 유명한 사람이라고 하더군요."

자신이 이국에서 생활을 할 때 부러워했던 문화적인 분위기를 경험할 수 있는 카페를 만들기 위해 최우영 씨는 '인디고'에서 정기적으로 사진전을 연다. 한 작가가 두 달 동안 상설 전시를 한다. 그 일정은 2014년까지 짜여 있다.

내가 그곳에 갔을 때는 남우희 씨가 '짙은'이라는 주제로 사진전을 열고 있었다. 그 사진들 중에서 나는 작가가 사는 집의 마당에서 찍었다는 수선화가 인상적이었다. 하늘을 한 폭 두 폭 베어내기라도 할 듯이 허공을 향해 힘차게 뻗은 초록색 줄기들 사이로 새하얗게 피어 있는 수선화는 시를 낭송하는 시인의 자태로 피어 있었다.

그곳에 전시된 그 사진들은 엽서로도 제작되어 판매가 되고 있었다. 사진들은 그렇게 카페를 찾는 사람들의 마음속으로 들어가 또 한 컷의 추억이 되고, 향기가 되고……

교직원이었던 남우희 씨가 자신이 즐겁게 하고 싶은 일을 찾던 과정에서 '인디고'와 인연을 맺은 것은 오로지 커피와 사진 때문이다. 그녀는 이곳을 사랑방으로 여긴다.

그녀의 집은 부산광역시 금정구 남산동이다. 그곳에서 '인디고'가 있는 곳까지 오려면 40분 이상 걸린다. 그런데도 그녀는 이곳으로 와 최우영 씨에게 커피의 세계를 깊이 알게 해 달라고 떼를 썼다. 최우영 씨는 다른 사람에게 커피를 가르친다는 사실이 마뜩치 않아 그녀의 청을 들어주지 않았다. 그럼에도 불구하고 그녀는 한 달 동안 매일같이 찾아와서 똑같은 부탁을 했다. 남우희 씨의 진정성을 확인한 최우영 씨는 그녀에게 자신이 알고 있는 커피의 모든 것을 전수하기 시작했다. 핸드드립으로 커피를 내리는 방법부터 말이다.

"처음엔 제가 커피를 보여 드리면서 우희 씨와의 인연이 시작되었지만, 지금은 다재다능한 우희 씨 덕에 제가 많은 걸 배우고 있습니다. 사진이나 가죽, 목공예 모두 우희 씨의 도움이 절대적이지요. 그런 인연을 맺어 준 게 커피이기 때문에 커피는 제게 참으로 소중합니다."

최우영 씨 역시 '인디고'를 처음 열었을 때 부족하다고 판단한 커피 맛을 보완하기 위해 자신이 스승으로 삼을 수 있는 사람을 찾아갔던 경험이 있다.

"제가 꼭 지키는 철칙 중 하나가 가게 문을 열면 볶아 둔 커피 중에서 한 가지를 골라 가장 진하게 내릴 수 있는 방법으로 커피를 한 잔 내려 마시는 것입니다. 그때 제가 원하던 맛이 올라왔을 때는 소름이 확 돋습니다. 전율을 느끼기도 하지요. 그런데 가게를 처음 열었을 때는 핸드드립이 잘 안 돼서 슬럼프에 빠졌었습니다. 고민을 하다가 콩을 볶아 들고 울산에 있는 '빈스톡'을 찾아갔습니다. 제가 가끔 찾아뵙는 박윤혁 선생님이 제가 볶은 커피를 보시더니 그러셨어요. '콩은 잘 볶았네!' 제가 핸드드립하는 걸 보시더니 또 한 말씀 하셨어요. '드립은 못하네!' 점적으로 내리다가 물줄기를 회전시켰을 때 물줄기가 일정하게 네 바퀴 돌아야 하는데, 그때 물줄기가 고르지 않았거든요."

"잡념이 들어갔던 거네요?"

"그렇습니다. 제가 볶은 커피를 박윤혁 선생님이 내리셨는데, 그 모습을 보면서 느꼈어요. '저게 드립이구나!' 하고 말입니다. 박윤혁 선생님이 내린 커피는 전혀 다른 맛이 났어요. 너무 부드러워서 물맛이라고 할 수 있을 정도였는데, 목을 넘길 때 향기가 확 올라왔어요. 훨씬 부드러운 단맛이 있었어요. 드립도 경험치가 가중돼야 좋은 맛을 낼 수 있다는 걸 그때 알았습니다."

"우리나라 커피 1세대인 박상홍 선생님과 빈스톡 박윤혁 선생님 얘기는 여기저기서 참 많이 들었어요. 제가 아는 분 중에 커피집을 하면서 핸드드립 때문에 고민하는 분은 모두 자기가 볶은 커피 싸들고 '빈스톡'으로 가더라고요. 자신이 수십 년 동안 쌓은 노하우를 아무런 보상도 바라지 않고 공개하는 게 쉽지만은 않을 텐데……. 저도 꼭 한번 가서 뵙고 싶은 분이에요."

"아마 언제든 환영하실 겁니다. 드립을 시연하신 뒤에 박윤혁 선생님이 그러시더군요. 신맛이 나더라도, 쓴맛이 나더라도, 단맛은 꼭 올라오게 해야 한다고요."

'빈스톡'에서 가르침을 한 수 받고 온 뒤부터 최우영 씨는 핸드드립을

시간이
시계 밖으로
뛰쳐나와
소리쳤다
제발 똑바로 가라고

파울 첼란

할 때는 드립에만 집중한다. 그는 늘 커피를 1인분씩 내린다. 커피를 강하게 마시는 사람에게 줄 커피는 20g의 원두를 갈아 80℃에서 85℃ 사이의 물로 100cc를 내린다. 고노 드리퍼를 쓴다. 연한 커피를 만들 때는 칼리타 드리퍼를 쓰는데, 그때는 18g으로 150cc 정도 내린다. 드립을 다 한 다음에는 서버에 든 커피를 뜨거운 물에 데운 스푼으로 저어서 맛을 본다. 그런 뒤에 커피를 담아 낼 잔을 뜨거운 물로 데울 때 함께 데운 작은 찻잔에 커피를 덜어 다시 맛을 본다. 맛이 흡족하면 커피잔에 담아 쟁반에 올린다.

"넬 드립 커피 나왔습니다!"

손님들은 주방 앞으로 와서 자신이 주문한 커피를 받아간다.

'인디고'에 가면 사진과 카메라, 시집, 손님들이 남긴 메모들 외에도 볼거리가 많아 눈이 호사를 한다. 스님이 만들어 준 해바라기 모형의 시계, 에코아트 하는 단골이 만들어 준 특별한 액자, 남우희 씨가 옷걸이를 이용해 만들어 준 인디고 글씨…….

문을 열고 들어가면 로스팅 룸 천장이며 벽에 레코드판이 여러 장 부착되어 있다. 그 LP 음반들은 최우영 씨가 중학교 때부터 용돈을 아껴 한 장 두 장 사 모은 것이다. 그런데 턴테이블이 망가졌을 뿐만 아니라 음악을 감상하는 도구가 바뀌면서 그것들은 더 이상 사용할 수 없게 되었다. 그렇다고 애지중지하던 것을 내다팔 수는 없어 활용할 방도를 찾다가 인테리어 소품으로 쓰게 된 것이다. 나는 사이먼앤가펑클의 음반을 떼어내 틀어보고 싶었다.

로스팅 룸에서 두 개의 계단을 딛고 주방과 전시실이 있는 곳으로 올라오면 멈춰 서서 쪼그리고 앉거나 허리를 구부리고 바닥을 볼 수밖에 없다. 그곳에는 루마니아 출신의 독일 시인 파울 첼란의 글이 적혀 있기 때문이다.

왜곡된 진실에 대한 성찰이 담긴 시인의 글을 마음에 새긴 뒤에 나는 그 오른쪽 주방 앞에 놓여 있는 두 개의 의자 중 한 곳에 앉았다.

"어떤 커피를 즐기시나요?"

최우영 씨가 낯선 손님에게 묻듯이 내게 물었다.

"오늘 좋은 커피 주세요!"

"저는 강하게 볶는 브라질 커피를 좋아합니다. 그 맛을 세세하게 설명할 수는 없지만 마셨을 때 목에서 치고 올라오는 단맛 같은 게 좋아요. 요즘 각광받는 COE 같은 커피에 대해 저는 그리 환상이 없습니다. 애써 구하지 않는다는 뜻입니다. 제게 주어진 생두를 정성을 다해 볶을 수 있기를 바랍니다."

최우영 씨가 한 손은 뒷짐을 지고 커피를 내릴 때 나는 주방을 살펴보았다. 필터는 모두 플라스틱 통에 들어 있었다. 습기를 머금지 말라고 그랬을 터이다. 1인분의 커피를 내리는 유리컵은 구리철사로 손잡이를 만들어 쓰고 있었다. 벽에 걸려 있는 커피를 소재한 한 그림. 한지를 말아 빛이 한 곳으로 모이도록 한 조명등, 모래시계…….

그가 내려 준 커피는 아주 잘 익은 오렌지를 먹고 난 뒤처럼 부드러운 신맛과 은은한 단맛이 압도적이었다. 나는 드립 아이스커피를 한 잔 더

청했다. 그리고 그가 사진을 찍는 카메라를 구경시켜 달라고 했다.

"카메라 스트랩이 멋지네요?"

"제가 요즘 가죽공예를 배우거든요. 제가 직접 만든 겁니다."

"우와, 이걸 직접 만드시다니 정말 대단해요. 로스팅 룸 책상에 있는 도구들이 다 가죽공예 할 때 쓰는 거예요?"

"맞습니다. 요즘 가죽공예에 푹 빠져 삽니다. 손님 없는 시간에 이것저것 만들어 봅니다. 카메라 스트랩은 벌써 여러 사람한테 선물도 했습니다."

"재주가 정말 많으시네요. 그런데 커피는 언제부터 좋아하신 거예요?"

"고등학교 2학년 때였어요. 일본에서 유학하는 이모 친구가 도쿄 식으로 강배전한 커피를 갖다 주셨어요. 그걸 주전자로 내려서 마셨는데 그 맛이 너무 강렬했어요. 어, 이게 뭐지? 그러다 커피에 관심을 가지고 생두를 구해서 프라이팬으로 볶다가 수망으로 볶다가 했어요. 아마 불로 데워지는 기구에는 다 볶아본 거 같아요. 그때 로스팅의 기초는 터득한 거 같아요. 그러다 엄마한테 혼나고 결국 가정용 로스터 이멕스 CR100을 구입해서 좀 편하게 로스팅을 했지요."

그는 현재 태환 로스터 1kg짜리로 로스팅을 한다. 직화의 맛을 좋아해서 후지로얄 3kg짜리로 로스팅을 하고 싶었으나 여건이 맞지 않아 태환 로스터를 쓴다. 그는 예열을 시킨 로스터의 온도가 180℃가 되었을 때 생두를 투입해서 12~13분이 되었을 때 배출을 한다. 물론 그날그날 볶는 생두의 상태에 따라 그 시간은 달라진다. 그는 주로 시험 봉으로 꺼낸 커피의 색깔을 눈으로 확인하고, 그 향을 맡으면서 로스팅 포인트를 결정한다.

"독일에 시 공부하러 갔을 때 뮌스터에 있는 한네스 로스터리에서 6개월 정도 커피 볶는 일을 했어요. 프로밧 5kg짜리로 볶았어요. 그때 생각했었어요. 한국에 가서 상용 커피 로스터로 커피를 볶으면 좀 쉽겠다고요. 그런데 막상 상용 로스터를 써 보니까 정말 어려워요. 커피 로스팅 자체가 학문으로 자리 잡아야 된다는 생각이 들 정도로요."

그래도 그는 오랜 시간을 투자해 생두의 성질을 잘 감별하고, 그것들이 원하는 열량을 파악하고, 그것들이 가장 좋은 맛을 낼 수 있는 로스팅 포인트를 찾아서 아침마다 커피를 볶는다. 다른 가게에 납품을 해야 할 때는 평소 열 배 정도의 양을 볶기도 한다.

'인디고'는 최우영 씨 혼자 꾸려나가다 보니 문 여는 시간이 늦다. 오전 11시에 열고 밤 10시에 닫는다. 일요일에는 쉬고, 토요일에는 오후 2시에 연다. 가게 문 여는 시간 때문에 마음고생을 많이 했는데, 지금은 대부분의 손님이 다 이해를 해 준다.

"요즘은 매 순간이 행복해요!"

행복의 순간을 한 컷 한 컷 사진으로 찍어 일 년 내내 전시하는 커피 볶는 집 '인디고'는 성에가 낀 것 같은 격자무늬 유리창이 있는 앞문으로는 들어가지 못한다. 그 입구는 연가가 커피 향기처럼 흘러나오는 골목 안에 있다.

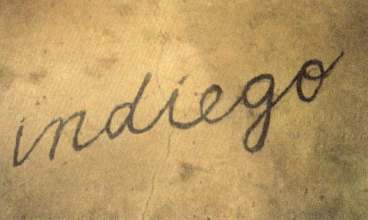

나를 좋아서 나를 찾는다
# 쌍리

비웠다는 건,

채울 준비가 되었다는 것

쌍 리 雙 鯉
Coffee & Tea

　　게장 담갔으면 게장 담갔다고, 아삭고추가 잘 익었으면 아삭고추 잘 익었다고 밥 먹으러 오라고 전화를 걸어 내 가슴을 뭉클하게 만드는 사람은 밥집 '길섶'의 주인 박상순 씨다.
　　엄마가 차려 주는 것 같은 밥상을 받으러 간 나에게 그이는 때때로 밑반찬을 싸 주기까지 한다. 글 쓸 때 잘 챙겨 먹으라면서 말이다.
　　며칠 전에도 추어탕을 맛나게 끓였다며 오라고 해서 커피만 싸 들고 그곳으로 갔다.
　　그런데 박상순 씨가 색색의 파프리카와 피망과 아삭고추를 소쿠리에 가득 담아 들고 와서 말했다.
　　"이것 좀 보세요! 파프리카 옆에 아삭고추를 심었더니, 아삭고추가 파프리카를 닮아 가요. 청량고추 옆에 아삭고추 심으면 아삭고추가 매워진단 얘긴 들었지만 이런 경우는 또 처음 보네요."

우리는 끝이 파프리카를 닮아 뭉툭해진 아삭고추를 들고 진화론을 얘기하며 웃었다.

밥을 맛있게 먹고 집으로 돌아오는 길에 나는 생뚱맞게도 커피집 '쌍리雙鯉'를 떠올렸다. 그 카페가 들어선 뒤에 그 골목뿐만 아니라 대전의 문화지도가 바뀌었기 때문이다. 아무래도 그 카페의 유전인자가 우성인 것 같다며 친구와 함께 웃었던 기억이 있다.

내가 세 번째로 그곳을 찾아갔을 때는 4층짜리 건물이 '쌍리'의 주인장 라경원 씨의 바람대로 층마다 다른 문화 공간으로 꾸며진 상태였다.

우선, 갤러리인 2층에서는 김선미 작가가 부채에 민화를 그린 '동하동풍 展'을 열고 있었다. 부채의 모양이나 그림이 너무 좋아서 다 갖고 싶었다. 특히 한지에 채색으로 나비들을 그린 〈백접도〉가 마음에 쏙 들었다.

역시 갤러리인 3층으로 올라가니 'I. U-Interactive Union'이라는 표제가 붙은 전시회가 마감 중이었다. 그곳의 그림들을 감상하던 중에 화가를 한 명 만났다. 엄혜윤 씨다. 그녀는 〈wait there〉이라는 제목의 작품을 전시 중이었다. 푸른 바탕의 화면에 새하얀 날개를 단 여인이 먼 곳을 응시하며 무언가를 기다리고 있는 그림이었다. 그림 속의 여인은 그 기다림의 시간 끝에 만나게 될 그 무엇에 대한 설렘이 담긴 표정으로 조용히 서 있었다. 그림 속의 여인과 닮은 엄혜윤 씨가 말했다.

"쌍리 때문에 이 동네가 문화 공간으로 바뀌고 있어요. 저 같은 작가 입장에서는 좋은 전시 공간이 있으니 그림 그릴 맛이 나고요. 쌍리는 어

울림이 좋아요. 1층부터 4층까지 모두 다르지만 그 공간들이 하나의 조화로움을 갖고 있어요. 1층 카페도 마찬가지예요. 어느 날 여기 와서 봤더니 한쪽에는 스님들이 앉아 계시고, 또 다른 쪽에는 수녀님들이 앉아 계시더라고요. 여기는 그런 어울림이 좋은 공간이에요. 여기서 커피 볶으면 우리 엄마가 참깨 볶을 때랑 똑같은 냄새가 나요. 커피에서 그런 향내가 나는 걸 여기 와서 처음 알았어요. 향기와 색채와 음악과 영상이 절묘하게 어울리는 공간이 바로 이곳 쌍리예요."

이 세상에 문화 공간은 많다. 그러나 그 공간에 다양성이 존재하지 않는다면 그 문화 공간은 이미 죽은 공간이다. 그 문화 공간에 사람들 발길이 머물지 않는다면 그 공간 역시 쓸모를 잃은 공간이다. 그런 의미에서 본다면 '쌍리'는 아주 성공한 문화 공간이다. 2, 3층은 대전에서 전시회가 제일 많이 열리는 갤러리가 되었으니 말이다. 그러니 대전문화연대에서 문화상을 주었을 테다.

내가 처음 그곳을 찾았을 때만 해도 4층은 공연장으로 채 꾸며지지 않았다. 라경원 씨는 그곳을 하우스콘서트장 개념의 공연장을 만들고, 거기서 대중음악과 클래식 등 다양한 연주회를 열고 싶다고 했다. 때로는 영화를 상영하기도 하고 말이다.

그런데 내가 세 번째로 '쌍리'를 방문했을 때는 그 소망이 이루어진 상태였다. 고급 음향 시설을 갖춘 그곳에서는 '제1회 핑스라이프 콘서트'가 열리고 있었다. 스물다섯 평 정도 되는 공간에 꽉 들어찬 사람들이 음악의 열기에 흠뻑 젖어들고 있었다. 나도 맨 뒤에 서서 잠시 그 분위기를 즐겼다.

"돈 벌어서 한 일이 새 로스터를 두 대 사고, 공연장 꾸미고, 음악실 꾸미고……. 이제 건물이 완성됐어요."

'쌍리'가 지역과 장르의 경계를 넘어 다양한 사람의 사랑을 받는 이유는 그 공간을 만든 라경원 씨가 사람을 끌어모으는 에너지를 갖고 있기 때문일 터이다. 그 에너지는 순수함에서 나온다. 그저 그는 커피를 팔아서 돈이 조금 모이면 더 맛있는 커피를 만들기 위해 커피 볶는 기계를 좀 더 좋은 것으로 바꾸고, 괜찮은 음향시설을 갖춘 공연장을 꾸미고……. 그는 그저 그렇게 인간과 문화가 소통하는 장을 만드는 일이 재미있어서 그 일을 한다고 겸손하게 말한다. 아마 그 일을 해서 돈을 벌고자 했다면 조급증이 나서 벌써 폐업을 하고 말았을 터이다. 그러나 커피와 공간과 문화를 사랑하는 그의 진심이 통했기에 그의 카페와 그의 갤러리와 그의 공연장으로 사람들이 몰리는 것이다. 순수함은 늘 불순함을 이기기 마련이다.

조선공학을 전공한 뒤에 자신이 무얼 하며 살아야 되는지 잘 몰랐던 라경원 씨는 카메라를 들고 십 년 가까이 방방곡곡을 몇 바퀴나 돌았다. 그 모색의 길을 돌고 돌아 끝까지 가 보고 싶은 길로 선택한 것이 바로 커피다.

"사진과 커피는 비슷해요. 사진도 현상될 때 온도와 시간 맞춰야 하잖아요? 커피도 로스팅을 할 때 온도와 시간을 잘 맞춰야 해요. 사진을 인화하는 작업이 커피에서는 드립이에요. 그런데 커피는 사진보다 그 결과물의 상태를 추측하기가 더 어려워요. 불장난이 있어서요."

라경원 씨는 자신이 오랫동안 필름 카메라로 사진을 찍어서 작품으로 만들던 과정과 생두를 볶아서 한 잔의 커피로 만드는 과정의 유사성을 설명하며 눈을 반짝댔다. 마치 어렵게 발견한 새로운 세계를 잘 누리는 사람처럼 말이다.

내가 처음 그 카페에 갔을 때다. 라경원 씨는 나에게 케냐 커피를 한 잔 내려 주었다. 내가 이미 다른 곳에서 열세 잔이나 되는 커피를 마셨다고 했더니 그는 더 이상 다른 커피를 권하지는 않았다. 그 대신 돌아가는 버스에서 마시라며 아이스 루이보스티를 타 주었다. 그것이 몸과 마음을 좀 진정시켜 줄 거라며…….

내가 그곳을 두 번째 찾아갔을 때다. 라경원 씨는 나에게 주려고 커피의 신사로 불리는 탄자니아를 핸드드립했다. 다 내린 커피의 맛을 살짝 본 그는 그 맛이 마음에 들지 않는지 미련 없이 다 쏟아버렸다. 그러고는 다시 내려 주었다. 혀에 닿는 탄자니아의 감촉은 마치 표면이 매끄러운 실크 같았다. 커피를 한 모금 마시고 고개를 끄덕거리는 나를 보고 그는 빙긋이 웃었다.

"커피를 핸드드립한 뒤에 제가 먼저 맛을 봅니다. 그게 제가 커피를 공부하는 한 방식입니다. 제가 커피 맛을 조금이라도 더 알려고 매번 맛을 봅니다. 맛이 없으면 버리고 곧바로 다시 내립니다."

한 컷의 사진을 잘 찍기 위해 최적의 구도를 잡고, 빛이 가장 아름다

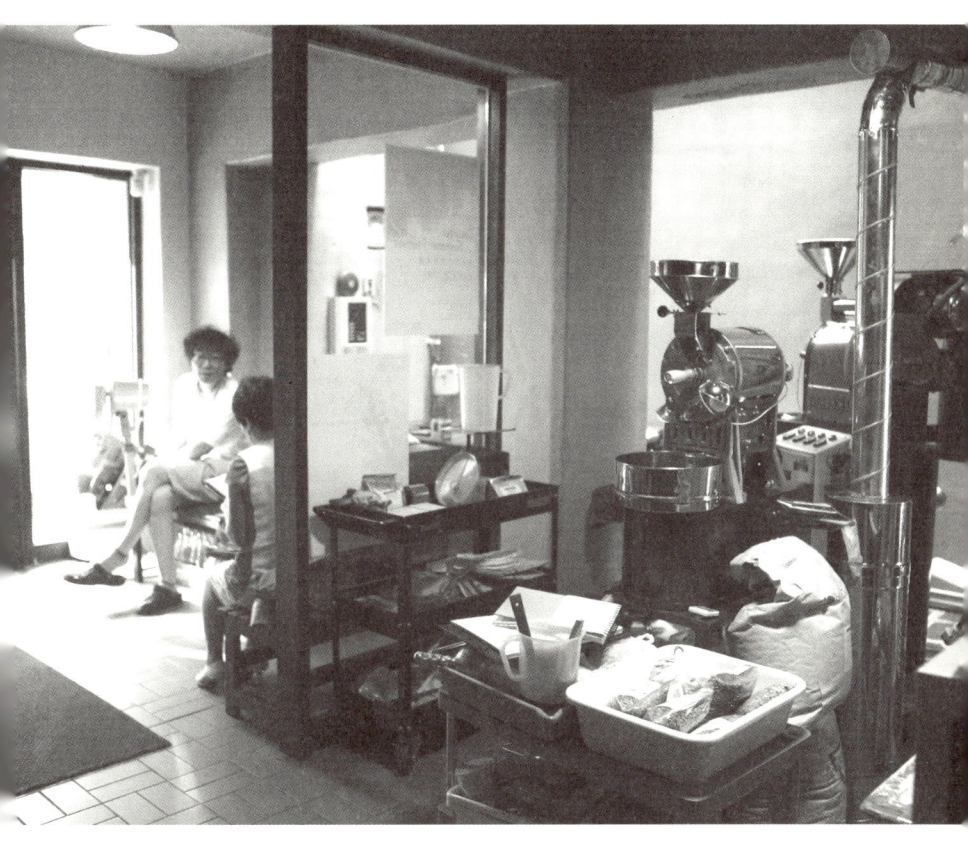

"처음에는 커피가 나라마다 왜 맛이 다른지 알 수가 없었어요.
1년 동안 커피를 볶아서 마시고, 또 마시고 했어요.
눈 가장자리가 떨리고… 위장약까지 먹어야 했어요.
그러던 어느 날 '아, 커피 맛이 이렇구나!' 하는 걸 알게 됐어요."

운 순간에 셔터를 누르듯이 라경원 씨는 한 잔의 커피를 내릴 때도 가장 좋은 맛을 찾기 위해 최선을 다한다.

오로지 커피를 잘 볶는 사람이 되고 싶은 것이 현재의 꿈인 그는 20년 남짓 차를 즐겼다. 그러다 커피에도 관심이 가서 바리스타 교육을 하는 곳에 가 보았다. 그러나 틀에 얽매인 그곳의 커리큘럼이 싫어서 무턱대고 300g짜리 전기 열풍식 샘플 로스터를 샀다. 물론 생두도 구매를 했다.

"처음에는 커피가 나라마다 왜 맛이 다른지 알 수가 없었어요. 1년 동안 커피를 볶아서 마시고, 또 마시고 했어요. 눈 가장자리가 떨리고…… 위장약까지 먹어야 했어요. 그러던 어느 날, '아, 커피 맛이 이렇구나!' 하는 걸 알게 됐어요."

커피 맛에 눈을 뜬 라경원 씨는 그제야 4층짜리 건물의 1층에 커피집을 냈다.

"갤러리만 하면 돈이 안 되니까 2년 정도 하면 문을 닫아야 할 것 같았어요. 커피집이랑 같이 하면 갤러리 운영비는 나올 것 같았어요. 또 다른 이유가 있다면……. 일반 갤러리가 은행도 아니고 관공서도 아닌데 문턱이 높은 거 같아서……. 1층은 로비의 개념, 소통의 장 개념으로 커피집을 냈어요."

문을 연 지 5년째인 '쌍리'의 주방과 홀을 구분 짓는 바$^{Bar}$의 천장에는 나무로 만든 조형물이 매달려 있다. 유심히 보면 그것은 커다란 물고기다. 이 카페의 상징물이다.

"여기가 복합 공간이다 보니까 갤러리와 커피를 다 만족시키는 상호를 짓기가 어려웠어요. 제가 잉어를 좋아해서 '물고기 두 마리'로 하려다가 '물고기 두 마리'로 사전을 찾아보니까 '쌍어'로 나오더라고요. 그것도 좀 허전해서 또 보다 보니까 그 밑에 '쌍리'가 있더라고요."

'쌍리'가 있는 곳 주변 건물들에 입주한 상가들 상호는 모두 강하다. 마네킹, 불독, 마녀빗자루……. 그렇게 이미지가 강한 이름들 사이에서 우아한 이름은 치이고, 묻히기 마련이다. 그래서 그것들보다 더 강하면서 동네의 분위기에 걸맞은 것을 찾다 보니 그 상호가 낙점이 된 것이다.

한적한 곳에 있는 단독 건물이었다면 이름을 다르게 지었을 것이라고 한다. 그러나 '쌍리'는 개성이 강한 이름만큼이나 강하게 버티면서 그곳의 골목 풍경을 서서히 바꾸어 놓고 있다. 그 주변에는 벌써 갤러리가 두 곳이나 더 생겼다. 그 중에는 이름에 'ㅆ'이 들어간 것도 있다. 'ㅆ'이 들어간 재미있는 이름을 지닌 갤러리가 앞으로 얼마나 더 생길지 모른다. '쌍리'는 그렇게 알게 모르게 그 존재의 힘으로 다른 존재를 변모시키고 있다. 긍정적인 모양새로 말이다.

오전 11시에 문을 열고 밤 11시에 문을 닫는 '쌍리'의 인테리어는 특별하다. 컬러출력 전문가로 날리던 이름을 초야에 묻고 세상을 유람한 지 십 년 만에 마음을 붙이기로 작정한 그 공간을 꾸미는 데는 꼬박 일년이 걸렸다. 라경원 씨가 내부 시설에 그렇게 공을 들인 이유는 한 장소에서 하고 싶은 일을 꾸준히 오래 하고 싶었기 때문이다. 또한 그곳의 건물주는 자신이니, 자리를 잡을 만하면 세를 올리거나 나가라고 강짜를 부려 댈 사람을 두려워하지 않아도 되어 더 안심하고 정을 쏟았다.

"1층 인테리어를 할 때 외부의 느낌을 안으로 끌어들여서 삭막하고 썰렁한 느낌을 강조하려 했어요. 여기 오는 사람들 관심이 갤러리로 가고, 여긴 로비 같은 개념이면 좋겠다고 생각했거든요. 그런데 막상 문을 열고 보니 갤러리보다 커피가 더 재미있네요. 사람들도 이곳을 더 좋아하고요."

커피집이나 갤러리나 공연장이나 매개가 다를 뿐 소통의 공간이라는 점은 다르지 않아서일까? 라경원 씨가 '최대한 모양 부리지 말고, 무거운 재료를 쓰자!'라고 결심을 하고 내부를 꾸민 '쌍리'를 찾는 사람들은 라경원 씨처럼 커피를 즐기는 재미와 예술을 즐기는 재미를 동시에 느낄 수 있다. 그 외에도 재미를 느낄 수 있는 요소가 곳곳에 무궁무진하게 숨어 있다.

폐업을 앞 둔 조명 가게들을 찾아다니며 구했다는 여러 개의 이색적인 조명등. 조각보를 연상하며 손수 짜 만들었다는 탁자들. 그 탁자들을 가리키며 라경원 씨는 빈 데가 많다며 자신의 서툰 솜씨를 수줍어했다. 그러나 나는 '빈자리가 있어야 깃들 데가 있지요.'라며 그 틈새에 찬사를 보냈다.

한국적인 색채를 살리려고 옛날 집을 뜯는 공사 현장에서 직접 가져와 만든 알밤 색깔의 2층 계단들. 자신이 원하는 느낌을 표현하기 위해 오래 헤매다가 구했다는, 2층의 방향성이 없는 것만 같은 바닥의 나무 무늬들……

그러나 그 모든 것들 중의 압권은 단연 화장실이다.

1층에서 주방 건너편의 벽에 나 있는 문을 열고 나가면 담벼락이 턱 하니 막아선다. 어느 곳으로 가야 하나 두리번거리다 시선을 오른쪽에 두면 담장 위에 얹힌 잘 마른 탱자나무 가지가 웃음을 자아내게 만든다. 그것은 마치 루돌프의 뿔을 연상시킨다. 시선을 다시 왼쪽으로 돌리면 좁은 통로 끝에 화장실 문이 보인다. 그 문을 열고 들어간 사람은 누구든 은밀하게 웃게 되리라! 문을 열자마자 정면으로 보이는 조명등도 멋있지만, 무엇보다 투명과 반투명 유리가 절묘하게 구성된 화장실의 천장이 기막히게 멋지기 때문이다. 그곳에서 볼일을 보는 그날 그 시간의 하늘이 쏟아져 들어오는 유리창이라니! 아마 그 화장실에 들어간 사람은 볼일을 다 본 뒤에도 그곳에서 지체하고 싶어질 것이다.

　그 하늘은 로스팅 룸의 뒤편에서도 볼 수 있다. 1층의 출입문을 열고 들어가면 오른쪽에는 2층으로 가는 계단이 있고, 왼쪽에는 로스팅 룸이 있다. 생두 보관 통들 위의 천장 역시 유리로 되어 있는데, 그곳에서 라경원 씨는 새벽 2시가 지나면 로스터를 예열시킨다. 고도의 집중력을 필요로 하는 것이 로스팅이라 고즈넉한 시간대를 일부러 택한 것이다.

　"로스팅을 잘못하면 모든 커피가 맛이 비슷해져요. 왜 커피 맛이 똑같지? 첫인상만 다르고 왜 같지? 처음에는 그런 질문을 수도 없이 했어요. 결국에는 생두를 잘 파악해야 로스팅을 잘할 수 있더라고요. 무엇보다 로스팅을 잘하려면 로스터의 성질부터 제대로 파악해야 되는 것 같아요. 그걸 파악하기 위해서는 나름대로 커피 관을 가지고 있어야 하고요. 궁금한 걸 하나씩 하다 보면 커피를 잘 볶게 되는 거 같아요."

내가 그 로스팅 룸을 처음 구경했을 때는 그가 프로스타 로스터를 쓰고 있었다. 그 로스터에 '약한 놈들(작은 놈들) 더 낮은 온도로 해야 하니?'라는 메모가 붙어 있었다. 그것은 생두에게 어떤 불과 공기와 시간을 공급해 줘서 맛있는 원두로 재탄생시킬지에 대해 고민한 그의 마음 한 조각이었다. 산지마다 다르고, 작황에 따라 다르고……. 셀 수 없이 많은 변수를 가진 것이 생두이다 보니 무엇보다 로스팅을 하는 시점에서 그 생두의 성질을 잘 파악하려고 그는 고심을 거듭한 것이다. 현재 그는 그 로스터를 치운 자리에 터키산 반열풍식 가란티와 일본산 직화식 후지로얄을 들여 놓았다.

"지난 번 로스터로 로스팅을 할 때 아무리 노력을 해도 제가 원하는 맛이 잘 안 나왔어요. 그래서 새벽 두세 시, 어떤 때는 밤 12시에 나와서 아침 7시까지 로스팅을 하며 프로파일을 만들었어요. 로스터한테 그랬지요. 그래, 네가 이기나 내가 이기나 어디 두고 보자. 꼬박 일 년 동안 밤을 샜더니 느껴지는 게 많았어요. 로스팅은 결국 불 온도와 배기 조절이더라고요. 제가 알게 된 최적의 로스팅 타임은 12분이에요."

"로스터가 속 썩인 덕분에 원하던 걸 얻게 되신 거네요?"

"로스팅은 기계가 정말 중요하다는 걸 알았어요. 로스터는 우선 안정성이 있어야 해요. 로스팅은 어차피 기계하고 사람하고 같이 하는 거잖아요? 그 온도에 그 시간에 맞춰 로스팅을 하면 맛이 일정해야 해요. 그런데 편차가 너무 심한 로스터는 좋은 로스터가 아니죠. 배기도 잘 되어야 하고, 청소하기에도 적합한 구조를 갖고 있어야 하고, 온도의 센서 위치도 알맞은 곳에 있어야 하고……. 새로 바꾼 기계는 다 만족합니다. 가란티로는 주로 아메리카노나 에스프레소용을 볶고, 후지로얄로는 핸드드립용을 볶습니다."

"출입구 왼편 유리창에 붙은 커피로스팅 수강생 모집 광고가 재미있네요. '커피로 먹고 살겠다는 분만 오세요'라고 써 놓으셨어요."

"그런 각오 아니면 로스팅은 배우기 힘들어요. 로스팅을 대충 배우려고 오는 사람은 한 달도 못 가요. 저한테 로스팅 배우려고 왔다가 쫓겨난 사람 많아요. 겉멋만 배워서는 안 되거든요. 저는 여기서 로스팅만 가르치는 게 아니라 숙제도 많이 내 줘요. 압구정 허형만 커피집에 가서 커피 마시고, 그 맛을 느끼고 와라! 강릉 보헤미안에 가서 커피 마시고 그 맛을 느끼고 와라! 원두를 사 와서 분석해라!"

로스팅에 대한 라경원 씨의 깐깐한 태도가 소문이 나서 이제는 대학에서 학생들이 로스팅을 배우러 '쌍리'로 온다. 그는 이제 대전보건대학교 식품영양학과 겸임 교수가 되었다.

신맛에서 단맛까지 맛의 스펙트럼을 넓히기 위해 언제나 로스팅에 심혈을 기울이는 라경원 씨가 핸드드립을 하는 작업대 위에는 여러 개의 초시계가 놓여 있다.

"처음에는 초시계를 안 켰어요. 그런데 인간의 시간 개념을 못 믿겠더라고요. 1초가 하루 같을 수도 있고, 하루가 1초 같을 수도 있어요. 드립을 하는 동안 초시계를 쳐다보고 있으면 그 시간만큼은 커피에 집중할 수 있어요. 아니면 잡생각을 할 수 있거든요."

"드립도 재미있게 하시네요?"

"드립을 즐거운 마음으로 재미있게 하면 커피가 좀 더 맛있어질 거 같아서요. 가장 많이 하는 드립이 슬로우 슬로우 퀵퀵 드립이에요. 원래 블루스 박자잖아요? 그 박자에 맞춰서 드립을 해요. 커피가루에 물을 얹을 때 되도록 충격을 안 주는 게 좋거든요. 강한 커피는 곱게 갈아서 슬로우 슬로우 퀵퀵 드립으로 내려요."

라경원 씨는 커피를 내리다 말고 드리퍼에 깐 필터를 살짝 들어 무언가를 살폈다. 칼리타 드리퍼에 나 있는 세 개의 구멍에서 커피가 제대로 떨어지는지를 살펴보는 것이었다. 세 구멍에서 커피 방울이 떨어져 내리지 않고 한 구멍이나 두 구멍에서만 커피가 떨어져 내리면 그것은 드립이 잘못되고 있다는 증거라고 했다. 그리고 칼리타 드리퍼로 내릴 때는 물줄기를 원형으로 앉히기보다 타원형으로 앉히는 게 커피가 더 잘 내려진다고 했다.

멕시코 알투라처럼 커피 자체가 부드러운 커피는 약간 굵게 분쇄하여 점점이 드립이라고 제목을 붙인 핸드드립을 했다. 커피가 서버에 떨어지는 모습을 보고 그런 제목을 붙였다고 한다. 그 드립으로 내린 커피는 에스프레소 맛이 났다.

"숟가락 드립도 있어요. 사람들이 하도 핸드드립은 이렇게 해야 한다, 저렇게 해야 한다, 물줄기는 이래야 된다 저래야 된다 말이 많아서 재미 삼아 하는 드립법이에요. 이건 주전자도 필요 없고, 유리서버도 필요 없어요. 그냥 밥그릇이나 컵, 숟가락만 있으면 돼요. 시계 볼 것도 없고요.

그래도 드립 과정은 똑같아요. 숟가락으로 물을 떠서 드리퍼에 붓는데 1초, 내려오는 데 1초 걸려요. 뜸 들일 필요도 없고, 그렇게 숟가락으로 천천히 드리퍼 여기저기에 물을 부으면 돼요. 다만, 천천히 부어야 해요. 급하다고 물그릇을 들고 쏟아 붓는 사람 있는데 그러면 안 돼요. 사실 숟가락으로 물 붓는 게 커피에 충격이 안 가거든요. 그래서 맛있는 커피가 만들어지는 거예요. 하다보면 숟가락 오르내리는 속도가 빨라지는데 그러면 안 되고 그냥 숟가락 올라가는데 1초, 내려오는데 1초, 그렇게 천천히만 하면 돼요. 원하는 양이 나왔을 때 중단하면 되고요."

라경원 씨는 콜롬비아 수프리모를 좋아한다. 그 커피가 가진 맛의 균형을 좋아하듯이 라경원 씨는 매사에 균형을 잡으려고 노력한다. 로스팅을 할 때도 밸런스를 중요하게 여기고, 핸드드립을 할 때도 밸런스를 중요하게 여기고, 커피집과 갤러리와 공연장의 밸런스도 중요하게 여긴다. 그 어떤 것이든 한쪽으로 너무 치우쳐서 사람들이 질리지 않도록 신경을 쓴다. 커피 역시 그가 좋아하는 것은 단맛이지만 단맛만 나는 커피를 만들려고 하지는 않는다. 커피의 쓴맛은 쓴맛대로, 신맛은 신맛대로 살린 커피를 만든다. 신맛을 원하는 커피나 중남미 커피는 약하게 볶고, 베리에이션 용도로 쓸 커피는 강하게 볶는다는 기본 원칙만 정해 두고 말이다.

"커피는 관념이라 생각해요. 커피 자체의 맛보다도 분위기와 주인의 성품 같은 것이 합해져서 커피 맛을 결정하는 거 같아요. 이 세상에서 가장 맛있는 커피 맛을 상상하면서 내 커피를 만들어요."

다른 사람이 만드는 커피에 대해 배타적인 사람들과는 달리 라경원 씨는 열린 시각으로 커피를 만든다. 커피의 장인이라 불리는 사람들이 만드는 커피처럼 자신이 만드는 커피도 어느 날 그렇게 사람들에게 회자되기를 바라면서 말이다. 그런 꿈을 꾸면서 만드는 그의 커피는 '쌍리'를 찾는 사람들의 입맛을 충족시키고도 남는다.

"사람들이 제 커피를 마시러 오면 먼저 물어 봅니다. 어떤 거 좋아하세요? 80% 정도는 그 입맛에 맞춰서 내려 줄 수 있어요."

잡맛이 없는 라경원 씨의 커피에 반해서일까? '쌍리'를 찾는 사람들은 10대부터 80대까지 다양하다. 빨간 베레모를 쓴 멋쟁이 할머니부터 각각 다른 사람들과 온 모자가 그곳에서 조우하는 재미있는 모습도 자주 볼 수 있다.

"제가 궁극적으로 원하는 커피 맛은 단맛이에요. 제가 원하는 그 맛을 발견하면 3일은 붕 뜬 상태로 살아요. 3일만 그렇게 건방지게 살아요. 그러다 다시 겸손해져요. 맛에 대해 '이젠 됐어!' 하는 순간 맛이 부서지거든요. 그럼 '아, 내가 너무 들떠 있었구나! 교만했구나!'라고 생각해요."

커피 맛이 없으면 자신이 잘못했다고 생각하는 '쌍리'의 주인장 라경원 씨가 내려 준 모든 커피의 뒷맛은, 달았다.

3부

# 커피, 삶의 향기를 품다

―

살아온 날들과 살아갈 날들…
커피는 향기로 답한다.

한 잔의 커피가 생명수가 되다

## 마루
Maru

광주광역시 동구 동명동 151-1 | 정양석 | 062 233 5006

갈망한다는 건,

살아 있다는 것

　　　　　　5일 정오, 인터넷 검색창에 쿠바라고 쳐 본다.
그곳의 현재 시간은 4일 밤 11시, 비가 내린다.
　나는 쿠바의 수도인 아바나의 한 재즈클럽으로 들어간다. 영화 〈치코와 리타〉의 배경이 된 그곳의 무대에서는 연노랑꽃빛 드레스를 입은 리타가 노래를 부르고 있다.
　"……내게 키스해 줘요. 마치 오늘 밤이 마지막인 것처럼……. 내게 키스해 줘요. 그대를 잃을까봐 두려워요. ……그대의 눈 속에서 나를 바라보고 싶고, 늘 그대 곁에 있고 싶어요. ……마치 오늘 밤이 마지막인 것처럼. 내게 키스해 줘요."
　리타가 부르는 '베사메무초'는 스페인어로 키스를 해 달라는 뜻이다. 노래에 실은 그녀의 바람은 그날 밤에 이루어진다. 그녀의 감미로운 목소리를 듣는 순간 사랑에 빠진 사람이 있었기 때문이다. 그의 이름은 치코다. 천재 피아니스트다. 그날부터 치코와 리타는 열정적으로 사랑을 나눈다. 그러나 잔인한 운명은 그들은 이별하게 만든다.

격정의 소용돌이를 헤쳐나간 뒤에 창가에 홀로 선 치코는 시가를 문 채 라디오에 귀를 기울인다. 그의 손은 자신도 모르는 사이에 창틀을 건반 삼아 피아노 연주를 시작한다. 라디오에서 흘러나온 목소리의 주인공은 사무치게 그리운 리타였기 때문이다.

젊은 시절에 팀을 이루어 출전했던 경연에서 치코의 피아노 반주에 맞추어 노래를 부르던 리타의 변하지 않은 목소리는 늙은 치코의 영혼을 감미롭게 감싸 안는다. 별리의 고통에 시달리던 긴 세월의 상처를 말끔히 치유한다.

"우리는 오랫동안 사랑을 나눴어요. 우리 영혼은 그렇게 가까워졌고, 난 당신 향기를 간직하게 됐죠. 하지만 당신에게도 나의 향기가 있어요. 당신 삶에서 내 존재를 부정해야 한다면 포옹과 대화만으로 만족할게요. 내 많은 부분을 드렸기에. 나만의 향기……."

밤이 새도록 재즈 선율에 취한 나는 그 클럽을 나와 헤밍웨이가 쓴 《노인과 바다》의 무대가 된 코히마르로 간다. 전망이 좋은 곳이라는 뜻을 지닌 그 어촌 마을의 카페에 앉아 모닝커피를 주문한다. 헤밍웨이가 시가와 모히토만큼이나 사랑했던 쿠바 커피를.

나와 눈이 마주친 쿠바인들이 활짝 웃으며 그들의 언어로 인사를 건

닌다.

"바모사 아세르 우나 꼴라디따!"

"끼에레스 운 부치또 데 카페?"

"커피 한 잔 만듭시다!"

"커피 한 잔 하시겠습니까?"

쿠바인들이 일상적으로 나누는 그 인사는 한국인들이 친한 사람을 만났을 때 밥 먹었느냐고 물어보는 것과 같은 의미다. 그러니 한국인에게 밥만큼 중요한 것이 쿠바인에게는 커피인 셈이다. 그들은 집에 귀한 손님이 오면 가장 먼저 에스프레소 한 잔과 냉수를 대접한다. 그러니 집에 손님이 왔을 때 냉수 한 그릇이라도 먹여 보내야 속내가 편한 우리네 인정과 다를 게 없다. 그 쿠바인들은 하루의 일과를 진한 에스프레소 한 잔으로 시작할 정도로 커피를 사랑한다. 그들은 커피를 두고 '생각하는 향기'라 부른다.

나는 쿠바 커피를 마시며 영화 〈노인과 바다〉의 마지막 장면을 떠올린다.

노인에게 낚시를 배우던 소년은 상어와 긴 싸움을 끝내고 돌아와 탈진한 채 누워 있는 노인을 발견하고 놀라서 뛰쳐나와 바람처럼 내달린다. 눈물범벅이 된 소년은 다시 노인이 누워 있는 오두막으로 되돌아온다. 그때 소년이 주점에서 애지중지하면서 들고 온 것은 다름 아닌 커피다. 소년은 노인에게 그 뜨거운 커피를 먹인다. 노인을 회생시킬 수 있는 유일무이한 생명수가 커피인 것처럼 말이다.

영화 속에서 걸어 나온 나는 헤밍웨이가 즐기던 쿠바 커피를 마실 수 있는 곳으로 향했다. 그곳은 바로 광주광역시에 있는 커피 볶는 집 '마루Maru'다.

전라도 전통가옥의 특징은 방과 방 사이에 대청이라는 가운데 마루를 두는 것이다. 그 마루는 햇볕이 잘 들어와서 겨울에 따뜻하고, 바람이 잘 들고 나서 여름에는 시원하다. 마루가 지닌 또 다른 덕목은 양쪽 방에 들어가 있는 가족을 모이게 하는 것이다. 이웃도 모이게 하는 곳이다. 몇 개의 삶은 고구마, 몇 장의 적, 몇 뿌리의 칡만 있어도……. 그 마루에서 오가는 것은 살갑다. 정겹다. 흥겹다. 길손마저도 그 마루에 들면 유숙하고 싶어진다. 초면인 객에게도 누구든 벗이 되어 주기에…….

그 마루의 느낌을 그대로 옮겨 놓은 곳이 바로 '마루'다. 그래서 초행이어도 그곳에 들면 낯설지 않다. 친근하다.

"아마 반짝이는 것이 없어서 그럴 겁니다."

'마루'의 주인장 노름마치가 조용한 어조로 건네는 말을 듣고 나는 실내를 꼼꼼히 살펴본다. 그의 말처럼 하나가 도드라져 자신만 봐 달라고 아우성치는 것은 없다. 그러나 그곳의 모든 사물은 하나하나가 다 자신만의 매력을 은은히 발산하고 있다.

노름마치가 인테리어 소품을 파는 가게의 창고를 뒤져서 찾아냈다는 마스크 조형물은 오페라의 유령을 닮았다. 책에 있는 것을 카메라로 찍어 인화한 뒤에 특별히 맞춘 액자에 넣어 한쪽 벽면을 장식한 흑백사진들은 한 편의 무성영화를 상영한다. 그 배우들은 월터 비전, 그리어 가

사람들의 사연이 모여드는 곳, '마루Maru'다.

슨, 도나 코코란이다.

도서관처럼 일부러 탁자를 크게 만든 그 넉넉한 마음씨……. 무선인 터넷을 이용해 노트북을 무제한으로 쓸 수 있게 한 그 무한한 배려……. 어디에 가든 여자들이 화장실 앞에 초조하게 서 있는 것을 많이 보았다며 다른 공간보다 돈을 많이 들여 어여쁜 여자 화장실을 두 개나 만든 그 돋보이는 센스……. 그 두 개의 문 앞에 걸려 있는 웃음을 자아내는 익살스러운 두 개의 그림……. 후배가 쓰던 것을 얻어다 뮤즈가 사는 집처럼 만든 그 스피커 통들……. 그것들 사이에서 하얗게 꽃을 피우고 선 커피나무들…….

허튼 것을 싫어하는 노름마치가 공들여 만든 '마루'에 온 사람들은 입을 모아 말한다.

"이 집 은근히 매력 있네!"

'마루'가 있는 골목은 학원가다. 그래서 직장인이나 원두를 사러 오는 사람 말고도 특별한 손님이 많다. 그중 한 사람은 그 골목의 어느 학원으로 손자들을 데리고 다니는 칠순의 할머니다. 그 할머니는 학원에 맡긴 손자들 공부가 끝날 때까지 두 시간을 마루에 머문다. 늘 같은 자리에 앉아 창밖을 보며 아메리카노를 마신다. 자신 혹은 타인과의 담소를 방해하지 않는 가사 없는 재즈나 클래식 음악을 들으며 말이다. 커피잔을 받기만 하면 마치 애연가가 담배연기를 마시듯이 커피의 향기를 몇 차례 들이마신다. 그런 뒤에야 커피를 한 모금 마시고, 또 한 모금 마신다. 그러고는 흡족한 얼굴로 혼잣말을 한다.

"이 집 커피는 절제된 그 무엇이 있어!"

제2차 세계대전 때 미군들이 커피를 즐기는 시간을 늘리기 위해 공급받은 에스프레소에 뜨거운 물을 부어 마시기 시작한 것이 그 유래라고 알려진 것이 아메리카노다.

그 커피를 만드는 일반적인 방식은 에스프레소 머신에서 추출한 에스프레소 샷을 적당량의 물을 미리 담아 둔 잔에 붓는 것이다. 에스프레소 머신에서 추출한 에스프레소 샷을 빈 잔에 따른 뒤에 그 위에 물을 부어 원하는 분량을 만드는 방식도 있다.

그러나 노름마치는 그 두 가지 방식을 따르지 않는다. 축적된 경험을 통해 터득한 자신만의 방식을 따른다. 그것은 에스프레소 머신에서 추출된 에스프레소가 곧바로 적당량의 물이 담긴 잔에 떨어지도록 하는 것이다. 사람들이 선호하는 보편적인 방식보다 손이 더 많이 가는 방식이다. 그러나 그렇게 만든 에스프레소는 황금빛 크레마$^{Crema}$(잘 볶인 원두로 커피를 추출할 때 나오는 황금빛 거품)가 커피를 마시는 사람의 눈을 먼저 즐겁게 만든다. 그뿐만이 아니라 그 아메리카노는 마시는 순간 속이 시원해진다. 마치 가마솥에 잘 끓인 숭늉처럼 말이다.

그렇게 손님을 만족시키는 맛의 아메리카노를 만들고 있음에도 불구하고, 노름마치는 아직도 퇴근할 때 커피를 한 잔씩 만들어 가지고 집에 들어간다. 절반은 뜨거울 때 마시고, 절반은 아침에 식었을 때 마신다. 식었을 때 쓴맛이나 매캐한 냄새가 나지 않고 구수한 맛, 단맛이 나야 맛있는 커피라고 생각하는 그는 그렇게 자신의 커피 맛을 늘 시험한다.

"어느 날처럼 그냥 그런 커피 더미 속에서 잔을 기울이다
우연히 마주한 커피가 바로 쿠바 크리스털마운틴이었어요.
체 게바라의 기억을 더듬으며 목을 축인 그 한 모금은
육체의 커피에서 정신의 커피로 저를 옮겨가게 했지요."

그 기준은 언제나 엄격하다.

"수년 전 한창 커피 공부에 열이 올라 있던 어느 무더운 여름날이었어요. 여느 날처럼 그냥 그런 커피 더미 속에서 잔을 기울이다 우연히 마주한 커피가 바로 쿠바 크리스털마운틴이었어요. 체 게바라의 기억을 더듬으며 목을 축인 그 한 모금은 육체의 커피에서 정신의 커피로 저를 옮겨가게 했지요."

노름마치는 나에게 자신이 쿠바 커피에 빠지게 된 순간을 들려주었다.

"혁명가의 아이콘 체 게바라 때문에 쿠바 커피를 좋아하게 되었다고 해도 과언이 아니네요?"

"그럼 셈이죠. 시가, 설탕과 함께 쿠바 3대 수출품에 들 정도로 호황을 누리던 커피산업이 사양길로 접어든 게 바로 쿠바 혁명 이후니까요. 혁명에 성공해서 체 게바라가 카스트로 정부를 돕지 않습니까? 그 사회주의 정부를 싫어한 미국의 케네디 정부가 통상금지 품목에 쿠바 커피를 포함시켰죠. 그러다보니 쿠바 커피산업이 죽다시피 했는데, 그나마 불행 중 다행인 건 요즘 공정무역 커피 때문에 쿠바 커피가 좀 살아나고 있다는 거죠. 쿠바 공정무역 커피에는 체 게바라 사진이 인쇄되어 있어 소장가치도 높다고 하더군요."

쿠바 커피의 수난사를 들려주는 노름마치의 말에 나는 귀를 쫑긋 세웠다. 힘이 약한 한 나라의 커피산업이 힘이 강한 한 나라의 수입금지 조치에 의해 좌지우지되는 현실이 안타까울 뿐이었다.

우울한 표정을 짓는 나에게 노름마치는 쿠바 커피의 숨은 매력 하나를 살짝 귀띔해 주었다. 그 비밀을 들으며 나는 소리 내어 웃었다.

"사실 제가 애연가였는데 커피 공부하면서 금연을 했지 않겠습니까? 그런데 그 흡연의 즐거움을 느끼게 해 주는 게 바로 쿠바 커피였어요. 쿠바 커피는 한 잔 마시고 나면 마치 담배를 한 모금 깊이 빨았을 때랑 똑같은 느낌을 주거든요."

커피에 심취하면서 담배와 향수를 싫어하게 된 나는 쿠바 커피의 맛이 점점 궁금해졌다.

노름마치는 커피를 만들기 위해 쿠바 크리스털마운틴을 분쇄하기 시작했다.

그동안 나의 마음은 카리브 해로 날아가 쿠바의 상공에 머문다. 콜럼버스가 청록색의 검푸른 바다 위에 떠 있는 섬 쿠바를 발견하자마자 그곳에 바쳤다는 찬사를 떠올린다.

'이렇게 아름다운 곳을 본 적이 없다. 해변의 모래밭에는 수천 개의 진주가 뒹굴고, 야자나무의 잎은 굉장히 커서 지붕으로 사용해도 될 정도다. 작은 새의 교향곡은 끊이지 않고 들려온다.'

그러나 1,500여 개의 섬으로 이루어진 그 아름다운 쿠바는 침략과 약탈의 수난사를 피하지 못해 피폐해졌다. 그럼에도 그 땅에 정을 붙이고 사는 사람들 마음에는 늘 선율이 넘친다. 그런 곳에서 세계 최고의 커피로 불리는 자메이카 블루마운틴과 겨주는 구바 크리스털마운틴이 생산된다. 쿠바에서 생산되는 커피의 3%에 지나지 않으나 그 희귀성만큼이나 뛰어난 맛 때문에 세계의 커피애호가들을 열광시킨다.

노름마치는 분쇄한 커피가 담긴 통을 바$^{Bar}$에 앉은 나에게 내밀었다. 향이 무척 자극적이었다. 마치 유년 시절에 황토벽돌로 만든 거대한 첨성대 모양의 연초 건조장에 갔을 때 맡을 수 있던 향내 같았다. 새끼줄에 줄줄이 엮인 채 초록색 몸에 가득하던 수분을 날려 보내면서 노랗게 변해가는 잎담배들이 발산하는 그 독특하고 강렬한 향내 말이다.

"쿠바의 에스캄브라이 산맥에서 커피를 재배하는 숲속으로 비쳐 드는 햇빛이 마치 정교하게 세공한 수정 같다고 해서 그 지역에서 생산되는 커피를 쿠바 크리스털마운틴이라 한답니다."

노름마치는 도자기로 된 주전자에 든 물이 끓기를 기다리며 말했다.

"물을 끓이는 도구가 독특하네요?"

"어머니가 선물하신 겁니다."

"안목이 대단하신 걸요?"

"어머니가 다례원을 하세요. 우리 차의 대중화와 후진 양성, 우리 문화의 보급과 재발견하는 일을 하시죠. 아버지는 《차의 세계》란 월간지 편집위원이고, 누나 역시 대학에서 홍차를 가르쳐요. 사실 제가 다니던 신문사의 보수성과 제 성향이 잘 맞지 않아서 사표를 냈을 때 가족들이 모두 차를 하라고 권유했어요."

"차의 길로 가셨으면 가족들 노하우를 다 전수받을 수 있었을 텐데 왜 커피의 길을 택하셨어요?"

"가만히 보니까 차는 아직까지 대중성이 부족하고, 젊은 층이 접근하기가 어려운 분야 같더라고요. 그런데다 가족이 모두 차 분야에서는 고수들이라 제가 뛰어들면 좀 시달릴 거 같았어요. 그래서 평소에 좋아하던 커피를 하게 된 거죠."

노름마치는 커피를 핸드드립하기 시작했다.

그는 뜨거운 커피는 언제나 원두 20g을 분쇄해서 120cc를 내린다. 그것이 그가 원하는 커피 맛이다. 커피를 연하게 달라고 따로 주문을 하는 사람을 위해서는 다른 방식으로 핸드드립을 한다. 서버에 미리 50cc의 더운 물을 채운 뒤에 핸드드립을 해서 드리퍼에서 떨어진 커피가 그 물에 섞이도록 한다. 맛과 향이 충분한 커피를 만들기 위해서다.

"와, 반할 만한 커피예요!"

쿠바 크리스털마운틴을 한 모금 마신 내가 말했다.

"쿠바 커피의 아름다움은 엷은 신맛, 단맛 뒤에 밀고 오는 부드러운 강렬함이라고 할 수 있어요. 연하게 마시면 깔끔한 뒷맛과 은은한 향이 좋지만, 진정한 쿠바 커피의 맛을 느껴보고 싶다면 조금 강하게 볶아서 마시라고 권하고 싶어요."

"날이 좀 습한 날 마른 잎담배 더미에서 나는 향내처럼 향이 강렬한데요?"

"차는 향이 중요해요. 커피도 엄밀히 따지면 차니까 향이 중요해요."

잔향을 음미하는 나를 위해 노름마치는 케냐로 드립 아이스커피를 만들었다. 그가 그 커피를 만드는 방식 역시 일반적인 방식과 달랐다.

그는 우선 1인분의 드립 아이스커피를 내릴 30g의 원두를 곱게 분쇄해서 페이퍼 필터를 깐 드리퍼에 담는다. 그런 뒤에 유리로 된 서버 대신 적당량의 얼음을 채운 유리컵을 준비한다. 그 위에 곧바로 드리퍼를 올리고 뜨거운 물을 부어 핸드드립을 시작한다.

"일반적인 핸드드립 커피를 만들 때보다 곱게 분쇄해서 좀 천천히 내리면 바디감이 좋고, 진한 커피가 만들어집니다."

'마루'에서 커피를 마실 때 마루만의 개성적인 커피 맛을 느끼지 못한다면 그때는 그 자신의 미각을 의심해봐야 할 것이다. 노름마치는 커피 교본 너머에서 터득한 자신만의 비법으로 커피를 만드니 말이다.

"올봄 국제 경매를 통해 브라질 COE#6 커피를 구입했습니다. COE의 명성처럼 실망시키지 않더군요. 끝까지 밀어주는 여운과 계속되는 잔향이 참 좋습니다. 지금은 엘살바도르 COE#4 커피를 낙찰 받았는데 가을에 온다니 행복하게 기다리고 있습니다."

노름마치는 질 좋은 생두를 구입해서 반열풍식인 2.5kg짜리 하스가란티$^{Hasgaranti}$(터키에서 생산되는 반열풍식으로 커피를 볶는 기계)로 로스팅을 한다.

그는 매번 생두의 무게를 정확히 계측한다. 생두는 구입해서 보관하는 상태에 따라 미세한 변화를 일으키기 때문이다. 노름마치는 매번 다른 생두의 상태를 정확하게 파악하는 것이 로스팅의 기본이라 여긴다.

그 생두는 쓰임새에 따라 10단계로 로스팅을 한다. 노름마치가 원두를 담아 파는 봉투를 살펴보면 로스팅 정도가 약에서 중을 거쳐 강까지 10단계로 나뉘어져 있다. 그는 항상 그 봉투에 든 원두의 로스팅 정도를 그 숫자 중 하나에 ∨표기를 한다.

노름마치는 커피의 블렌딩 역시 꼼꼼하고 남다르게 한다.

블렌딩을 쉽게 하는 방법은 간단하다. 로스팅을 하기 전에 블렌딩을 하려는 각각의 생두를 잘 섞기만 하면 된다. 그러면 그 블렌딩 커피의 로스팅은 30분 안에 끝난다. 그러나 노름마치는 그런 방식으로 블렌딩을 하지 않는다. 그는 열 가지 종류의 원두로 블렌딩을 하는 경우 각각의 생두를 한 종류씩 따로 볶는다. 각 생두의 로스팅 포인트를 최대한 살려서 말이다. 그러려면 손쉬운 블렌딩 방법에 비해 열 배의 수고가 더 필요하다. 그럼에도 노름마치는 그 수고로움을 마다하지 않는다. 그 방식만이 블렌딩을 했을 때도 각각의 커피가 지닌 맛을 제대로 살릴 수 있다고 확신하기 때문이다.

로스팅이 끝난 원두는 하루 정도 공기 중에 노출시켜 보관을 한다. 그때 사용하는 채반에서도 노름마치의 개성은 여실히 드러난다.

"커피를 볶으면 어딘가에 보관을 해야 하잖아요. 뭐가 좋을까 고민을 하다 대나무로 만든 채반에 하면 좋겠다 싶었어요. 광주 근처에 담양이 있어서 대나무가 많으니까요. 보기에도 좋고, 커피에도 좋고……. 그런데 시중에 나와 있는 건 적당한 크기가 없어서 특별히 주문해서 만들었어요."

대나무 채반에 담긴 원두는 화장실로 가는 통로의 오른쪽에 있는 선반에 놓여 방향제 구실까지 톡톡히 한다. 그 공간은 일 년 365일 아침 8시 10분에 문을 열고 밤 11시에 문을 닫는다.

"문 여는 시간이 재미있네요?"

"8시에는 못 와요. 8시 10분에는 올 수 있어요. 그 시간이 최선을 다해 올 수 있는 시간이에요. 커피집의 강점은 문 열면 바로 영업할 수 있는 거니까 24시간 내내 하는 게 제일 좋죠. 그런데 그걸 못하니까 영업시간을 정해서 해야 하는 건데, 일찍 열수록 좋지요. 저 자신에 대한 경계도 되고, 모닝커피를 좋아하는 사람에게는 서비스도 되고……. 아침마다 오는 사람들이 있어요. 먼 데로 출근하는 분들이 길을 돌아와서까지 커피 사 가시기도 하고……."

26년째 같은 미장원을 다니고, 2008년 9월 25일에 개업을 한 이래 생두를 구입하는 거래처를 바꾸지 않은 사람이 노름마치다. 그는 상대방이 심각한 해악을 끼치지 않으면 한번 맺은 인연을 소중히 가꾸어 나간다.

"책도 보고, 밥도 먹고, 잠도 자고, 수박도 먹고, 어머니가 바느질도 하고……. 사람들이 지나가다 빠끔히 들여다 보고 들어와서 쉬다 가고……. 혼자서도, 둘이서도, 여럿이서도……."

노름마치의 바람대로 존재하는 공간이 '마루'다. 그 마루에 든 사람은 누구든 커피에, 음악에, 인정에 발이 묶인다. 칡넝쿨처럼 서로 얽히고설키어 인연의 꽃을 피운다.

쿠바의 어촌에 살던 푸엔테스와 헤밍웨이처럼…….

자연, 사람, 커피, 하나의 영혼이 되다
# 커피발전소 엘오지

끝이 좋다는 건,
다 좋았다는 것

　커피의 정수를 마시고 싶은 사람들은 진하고 쓴 에스프레소를 마신다. 어떤 사람은 설탕을 타지 않고 훅 마시고, 어떤 사람은 설탕을 타서 휘휘 저어 훅 마신다. 또 어떤 사람은 설탕을 솔솔 뿌린 뒤에 휘젓지 않고 훅 마신다. 그게 끝이다. 그러나 단번에 입 안에 털어 넣고 훅 마셔도 그 맛은 오랫동안 혀에 달라붙어 사라지지 않는다. 입 안에 가득 커피의 향미만 남는다. 군더더기 없는 그 맛을 음미할 줄 아는 사람만이 에스프레소를 즐긴다.

　에스프레소를 최초로 만들어 마시기 시작했다고 알려진 이탈리아에서는 에스프레소를 '카페 에스프레소'라 부른다. '카페'는 '커피'라는 뜻이고, '에스프레소'는 '빠르다'는 뜻이다. 그러니 에스프레소는 고속으로 추출해서 만든 커피라고 보면 된다. 그러나 에스프레소의 어원에는 두 가지 설이 있다. '급행'이나 '급속'의 의미와 '특별히 당신을 위해서'의 의

커피, 삶의 향기를 품다　297

미 말이다. 오늘날의 에스프레소는 전자의 뜻으로 쓰인다. 하지만 후자의 뜻까지 앙증맞은 에스프레소 잔에 담아 마신다면 그 맛은 카페 봉봉처럼 달콤함까지 강렬하지 않을까?

드립 커피에 비해 카페인 함량이 적은 에스프레소보다 나는 드립 커피를 더 선호한다. 그러나 어쩔 수 없이 에스프레소를 마실 때가 있다. 바로 낯선 도시에서 드립 커피를 잘 내리는 곳을 찾지 못했을 때다. 그런 때는 어쩔 수 없이 프렌차이즈 커피 전문점에 가서 에스프레소를 주문한다. 커피 맛에 덜 실망하려고 말이다. 날씨가 더울 때는 얼음을 가득 넣은 컵에 도피오를 부어 천천히 마신다. 그것은 메뉴에 없는 것이라 주문할 때 약간 번거롭기는 하지만, 그런대로 커피에 대한 갈망을 달랠 수 있다.

에스프레소를 그다지 즐기지 않는 내가 마시자마자 단번에 매혹당한 에스프레소가 있다. 오로지 그 에스프레소 한 잔을 마시기 위해 시외버스에 오르는 것을 마다하지 않을 정도다. 내가 사는 도시에서 그 에스프레소를 마실 수 있는 도시까지는 완행버스로는 3시간 40분, 직행버스로는 3시간 10분이 걸린다. 그 도시의 시외버스터미널에 내리면 또 택시를 타고 잠시 달려야 한다. 그러나 그런 시간이 결코 아깝지 않다. 그 에스프레소는 그 노고를 충분히 보상해 주기 때문이다. 그 에스프레소를 마실 수 있는 커피집은 바로 전라북도 전주에 있는 '커피발전소'다.

"와, 마치 갓 수확한 참깨를 갓 볶아서 갓 짠 참기름 같아요!"

'커피발전소'의 주인인 김병선 씨가 나에게 내려 준 에스프레소를 마

"누가 농사를 지었는지, 생두를 누가 볶았는지,
에스프레소 머신도 어떻게 다루느냐에 따라
추출한 맛이 달라집니다."

신 순간 눈이 번쩍 뜨였다. 죽비로 한 대 맞은 듯 정신이 명징해졌다.

"이게 진정한 에스프레소 맛이네요!"

"그래서 제가 그랬잖습니까? 제 커피 마시면 절대로 다른 데 가서 커피 못 마신다고요!"

내 감탄에 김병선 씨는 자신만만하게 말하며 만면에 웃음을 머금었다.

"도대체 뭘 어떻게 했기에 에스프레소가 이런 환상적인 맛을 낼 수 있죠? 에스프레소 머신이 비싼 값을 하는 건가요?"

그가 쓰는 에스프레소 머신이 유명한 '라마르조꼬 GB 5'라는 것을 알기에 나는 그렇게 물었다.

"같은 나라 이름을 가지고 있는 커피도 누가 농사를 지었는지에 따라 그 맛이 천차만별입니다. 그러니 우선 생두가 좋아야겠지요. 잘 선택된 좋은 생두를 누가 볶았는지도 중요합니다. 커피를 잘못 볶으면 떫은맛이 나고, 아린 맛도 나니까요. 세 번째가 머신입니다. 웬만한 에스프레소 머신은 콩이 맛있으면 에스프레소도 맛있게 추출됩니다. 그러나 같은 에스프레소 머신도 어떻게 다루느냐에 따라 추출한 에스프레소 맛이 달라지는 건 확실하죠."

"에스프레소를 추출할 때 기압이나 추출 시간도 굉장히 중요하다는 얘기네요?"

"물론입니다. 기압은 기계에 따라 다르기는 합니다. 하지만 보통은 7기압에서 12기압을 유지하는 게 유행입니다. 최상의 에스프레소를 추출하는 시간은 25초에서 35초로 알려져 있습니다. 그러나 그렇게 긴 시간 추출하면 불편하니까 대부분 15초 정도로 추출하는 추세입니다."

"그럼, 여기서 에스프레소 추출하는 방식은 다른가요?"

"제가 쓰는 기계는 반자동 버튼 형식입니다. 에스프레소 머신을 만든 전문가들은 9기압으로 에스프레소를 추출하라고 권합니다. 그 기압에서 추출할 때 가장 맛있다면서요. 저는 9기압으로 33초에 추출합니다."

김병선 씨는 여러 산지의 커피를 블렌딩해서 추출한 에스프레소에 이어 싱글 오리진 에스프레소를 몇 잔이나 연거푸 내려 주었다.

"에티오피아 예가체프, 시다모, 콩가, 아리차 지역에서 나는 커피는 향이 풍부하고 쫀득쫀득합니다. 과테말라 안티구아 지역 커피는 화산토양이라 스모키한 느낌이 있습니다. 콜롬비아 에스메랄다 수프리모는 깔끔한 맛이 있고, 케냐는 쌉쌀하면서도 깊고 풍부한 맛이 있지요. 싱글 오리진 에스프레소도 커피가 생산되는 지역 색깔에 맞게 다 맛있습니다."

내가 태어나서 한 자리에 앉아 그렇게 많은 에스프레소를 마셔보기는 처음이었다. 입에 착착 감기는 그 맛에 쉴 새 없이 감동하면서⋯⋯. 아마 그 맛은 평생 가도 잊지 못할 것이다. 그러니 에스프레소 한 잔으로 영혼을 깨어 있게 하는 에너지를 얻으려면 지금 당장 365일 가동 중인 '커피발전소'로 달려가는 것이 좋으리라!

"커피발전소는 간판이 독특해요. 간판 앞에 서서 요모조모 뜯어봤는데도 뭐로 만들었는지 도통 알 수가 없네요."

"다들 그걸 궁금해 하죠. 내용물을 다 쓰고 난 액체 질소 통입니다. 길이가 5센티미터 정도, 두께가 2센티미터 정도 되는 은빛 액체 질소 통을

하나하나 용접해서 한 글자 한 글자 만들었어요. 글자 하나 만드는데 그 통이 무려 80개 정도 들었어요. 용접이 쉽지 않아서 애를 좀 먹었지요. 그 글씨를 떠받치고 있는 목재는 북유럽의 서까래 모양이고요."

그의 설명을 들으며 나는 그가 조각가라는 사실을 상기했다. 원광대학교 미술대학 조소과를 졸업한 그는 제4회 MBC한국구상조각대전에서 특선을 했고, 전북미술대전과 제12회 대한민국 미술대전 구상계열에서도 입상을 했다. 그의 그런 이력 덕분에 커피와 예술이 공존하는 '커피발전소'가 탄생한 것이다.

실내 매장과 로스팅 룸, 교육장, 후원을 합하면 거의 200평이나 되는 그곳은 웬만한 갤러리 못지않다. 때때로 다른 작가들의 작품이 기획전시되지만 '꽁지머리조각가'라는 예명을 지닌 김병선 씨의 회화와 조각품들은 상설전시된다. 계절에 따라 그 다채로움을 달리하는 작품들 사이사이에 있는 고가구와 소장가치가 뛰어난 커피 용품들 또한 볼거리를 제공한다.

'커피발전소'의 실내에 처음 들어갔을 때 나는 창문의 블라인드가 마음에 들었다. 그것은 마치 사각형 두 개를 캔버스 위와 아래로 배치하기를 즐겼던 러시아 출신의 미국 표현주의 화가 마크 로스코의 작품 같았다. 주조색은 흰색과 주황색이었다. 김병선 씨는 실내의 군데군데에 놓여 있는 식물의 녹색과 환하게 비쳐드는 햇살과 어우러졌을 때 가장 편안함을 주는 색깔을 찾다가 그것들을 선택했다고 한다.

나를 가까이 다가서게 만든 또 다른 공간은 알텍, 인피니티, 보작 스피커가 놓여 있는 곳이다. 커피나무와 온갖 꽃들이 자라는 후원으로 나가는 길의 오른쪽에 떡 버티고 서 있는 그것들은 보기에도 웅장했다. 거기서 흘러나오는 음률은 이곳의 커피처럼 나를 전율시켰다.

"음악은 주로 클래식과 재즈를 틉니다. 깔끔한 음을 내는 알텍 스피커는 주로 오전이나 낮에 사용하고, 음이 풍성한 영국의 보작 스피커는 주로 밤에 사용해요."

"저건 또 뭐예요?"

예술가인 주인의 세심함을 단적으로 보여주는 스피커들 앞에서 나는 그 뒤편의 벽면을 가리키며 물었다.

"라마르조꼬 커피머신이 왔을 때 기계를 꺼낸 뒤에 그 상자를 그냥 버리기가 너무 아쉬웠어요. 그래서 그 상자를 한 조각 두 조각 자르고 뜯어서 오브제를 만들어 본 거죠."

"공간성을 굉장히 중요시 여기시네요?"

"제가 4평짜리, 25평짜리, 200평짜리 커피집을 다 해 봤잖아요. 그러다 보니 알겠더라고요. 커피집은 3박자가 잘 맞아야 돼요. 공간성, 사람, 커피요. 그 공간에 흐르는 음악이 좋든지, 그 공간에 피어 있는 꽃이 좋든지……. 밝은 날은 밝은 날대로 좋고, 흐린 날은 흐린 날대로 좋고, 비 오는 날은 비 오는 날대로 좋고……. 공간보다는 사실 사람이 더 중요하죠. 좋은 사람이 내린 커피와 그것을 마시는 좋은 사람이 있다면 더 바랄 게 없으니까요. 그 공간과 그 사람에 어울리는 커피 역시 중요하고요."

삼박자의 화음이 조화로운 오늘의 '커피발전소'가 하루아침에 만들어진 것은 아니다.

군대에 입대하기 전에 충청북도 청주의 한 커피숍에서 아르바이트를 하면서 커피와 인연을 맺은 김병선 씨는 다른 예술가들처럼 눈을 뜨자마자 공복을 커피로 달래고, 잠든 정신을 깨우고, 영감을 얻는 생활을 해왔다.

커피 없는 삶은 상상조차 할 수 없는 나날을 보내던 그는 우연한 기회에 운명처럼 4평짜리 커피집을 인수하게 된다. 그때가 2005년 2월이었다. 그해 5월부터 그는 무쇠 솥으로 커피를 볶기 시작한다. 휴대용 가스레인지 위에 솥단지를 올려놓고 생두 800g을 볶는 데는 꼬박 40분이 걸렸다. 그가 한 점의 그림을 그리듯이, 한 점의 조각을 만들듯이 목장갑을 끼고 새벽 4시까지 볶은 커피를 마시려고 사람들은 가게 밖에 줄을 길게 늘어섰다. 잘 다듬어서 귀태가 나는 보석 같은 커피를 만들려는 꽁지머리조각가의 장인정신을 알아보았던 것이다.

"가게 문을 연 첫날은 매출이 2만 7천 원이었어요. 그런데 제가 만든 커피를 좋아해 주시는 분들 덕에 일 년 만에 25평짜리 가게를 하나 더 냈죠. 그때가 2006년 4월이에요. 가게 이름은 '플로리안'이고요. 그 가게를 낸 지 꼭 일 년 만인 2007년 4월에 '커피발전소'의 문을 열었어요. 원래 이름은 '커피발전소엘오지'예요. LOG는 Lamb of God, 하나님의 어린 양이란 말의 약자예요. 그런데 손님들한테는 '커피발전소'란 말만 각인됐나 봐요."

신석정, 김해강, 이철균, 백양촌 신근의 시비(詩碑)가 세워져 있는 덕진

공원 앞에 있는 '커피발전소' 건물은 3년 동안이나 비어 있었다. 그러다 보니 그 건물 앞의 철쭉나무가 사람 키보다 커서 우범지대 같았다. 낮에도 사람의 왕래가 거의 없을 정도였다. 그 건물의 주인은 먼 친척인 김병선 씨에게 그곳에서 커피집을 하라고 여러 번 권유했다. 고심 끝에 김병선 씨는 대범하게 그 공간을 디자인한 뒤 목수 20명과 함께 두 달 동안 공사를 했다. 바$^{Bar}$ 길이만 무려 12미터여서 지인들의 걱정을 샀다.

"이곳에 커피집 문을 열었을 때 6개월은 먼지하고만 대화했어요. 하지만 후회는 안 했어요. 커피가 제 삶에 있다는 것 하나만으로도 위로가 됐으니까요. 마치 나니아 연대기에서 주인공이 벽장문을 열고 들어가서 문을 여니까 또 다른 세계가 나오듯이 저한테 커피는 그런 존재였어요. 조각만 할 때는 담배와 술과 얼큰한 라면에 절어 하루에 자판기커피만 예닐곱 잔씩 먹고 살았어요. 그런데 커피를 만나면서 다른 세계를 맛 본 거죠. 지금은 조미료 들어간 음식을 먹기만 해도 몸이 가렵고, 뭐가 나고 그래요. 한편으로는 불편한 삶이긴 한데, 한편으로는 건강한 삶이 됐어요. 새까맣던 입술도 지금은 붉게 바뀔 정도로요. 가난한 조각가일 때는 아내 고생도 많이 시켰는데, 지금은 그때보다 고생을 덜 시키니까 그 점도 다행이고요."

백발이 되었을 때도 맛있는 커피를 만들자는 남편 김병선 씨의 말에 이제는 고개를 끄덕이는 아내 천은진 씨는 인스턴트커피를 두 잔만 마셔도 인사불성이 되던 사람이었다. 그러나 지치면 접을 줄 알았던 길을 집요하게 가는 남편을 따라 커피가 있는 곳이면 어디든 마다 않고 함께 다녔다. 그러던 어느 날, 그녀는 의식을 각성시키는 대표적인 혈(穴)인 백회(百會)가 열리는 느낌을 주는 커피를 만난다. 컵 테스트Cup Test에 남편과 동행했던 그녀는 몇 년 뒤 '2008 베스트 오브 파나마' 커피로 유명해진 게이샤 커피를 만나게 된 것이다. 홍차 같기도 하고, 향수 같기도 했다는 그 야생의 게이샤는 그녀의 마음을 단번에 사로잡았다. 그때부터 그녀는 커피를 향해 진심을 열었고, 사랑에 빠졌다. 이제 그녀는 남편에 버금가는 커피전문가가 되었다. 그들 부부는 그렇게 커피의 향기 속에서 서로를 위무하며 닮아간다.

"커피는 먹을 때도 깔끔해야 하고, 먹은 뒤에도 깔끔해야 해요."

기분을 좋게 하는 한 잔의 커피를 만들기 위해 김병선 씨가 제일 신경을 쓰는 것은 질 좋은 생두를 확보하는 일이다. 커피의 생명이 생두에 달렸다고 여기는 그는 각 나라의 생두 출하시기가 되면 스페셜티 커피를 구하려고 동분서주한다. 그렇게 구한 생두 자루를 곳간에 수북이 쌓아 둔 뒤에야 그는 추수를 끝낸 농부처럼 뿌듯한 미소를 짓는다. 그 다음에 그는 로스팅에 심혈을 기울인다.

"커피는 로스팅이 무척 중요해요. 커피 맛은 로스팅할 때 이미 결정돼요. 로스팅을 할 때 생두 속에 있는 아린 맛을 잘 빼줘야 해요. 커피를 마셨을 때 사람을 불편하게 만드는 맛이 그 아린 맛이거든요. 속을 울렁거리게 하고, 넝치에 걸려서 소화가 안 된 것 같은 느낌을 들게도 하고, 뒷골을 뻐근하게 만들기도 하고, 입 안을 답답하게 하기도 하고, 눈이 튀어나올 것처럼 아프게 만들기도 하고, 혀 안쪽에 떫은맛이 배게도 하고…….아린 맛을 잘 빼 준 커피는 금방 볶은 걸 내려 마셔도 맛있어요."

김병선 씨는 5kg 후지로얄 로스터를 쓴다. 열풍식이나 반열풍식 로스터는 단조로워서 직화식인 그 기계를 쓴다고 한다. 불 조절을 잘 해야 하는 까다로운 기계지만 그는 그 로스터를 자유자재로 다룬다. 그가 로스팅을 한 원두는 한가운데 황금색 줄이 선명하다. 양끝이 털끝만큼도 타지 않았을 뿐만 아니라 빵빵하게 잘 부풀어 있다.

김병선, 천은진 부부의 심성처럼 맑은 커피 한 잔이 주는 행복을 만끽하려고 사람들은 '커피발전소'로 몰린다. 직장인들은 회의를 하거나 망중한을 즐기려고 낮 시간에 그곳을 찾고, 연인이나 가족은 오붓한 시간을 보내려고 저녁에 그곳을 찾는다. 대학생이나 대학원생들은 밤낮없이 그곳에 눌러 앉아 논문을 쓴다. 격조 있게 상견례를 하거나 결혼식 피로연을 하려는 사람들은 그곳을 약속 장소로 정한다. 맛있는 커피를 찾아다니는 사람들의 발길도 이어진다. 휴가철에 그곳에서는 팔도의 사투리를 다 들을 수 있다.

'커피발전소'는 커피 뷔페 같다. 그 어느 커피를 봐도 눈이 휘둥그레진다.

나는 벌써 열두 잔째 커피를 마셨다.

"만델링 한 잔 더 주세요!"

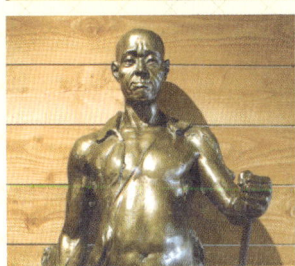

커피의 매력이 꽃피는 비밀의 화원
# 인 마이 메모리
In My Memory

경기도 양평군 서종면 도장리 251 | 임헌창 | 031 775 7005

매력을 느낀다는 건,

자연스럽게 이끌린다는 것

　　　　　　나는 홍익대학교 앞쪽에 있는 '커피 볶는 곰다방'
을 좋아한다.

　그곳에 가서 커피를 주문하고 자리에 앉아 원두를 분쇄할 때나 핸드
드립을 할 때 공기 중에 확 퍼지는 커피 향을 맡는 그 짧은 시간을 아주
좋아한다. 그것은 공간이 좁은 커피집에서만 누릴 수 있는 호사다.

　그곳에 갈 때마다 반가이 맞으며 커피를 내려주는 권요섭 씨가 꼭 가
보라며 추천한 카페가 바로 '인 마이 메모리$^{\text{In My Memory}}$'다. 커피를 진정
으로 사랑하는 사람이 추천해 주는 커피집은 어떤 경우에도 실망을 주
지 않아 나는 또 하나의 보물을 얻은 듯 기뻤다.

　그 카페는 잊고 싶지 않은 기억처럼 꼭꼭 숨어 있었다.

　초행이라 동이 트기 전에 원주에서 출발을 했는데, 주변을 보니 그 시
간에 벌써 밭에 나와 일하는 농부들이 보였다. 아마 듣는 게 지겨울 정도

이던 빗소리가 그친 뒤라 모종이라도 내는 것 같았다. 하늘은 회색이었으나 길가의 망초는 맑은 공기 속에서 하얗게 웃고 있었다. 홍천강은 어두운 녹색을 띠고 있었고, 산을 감싸고 있는 안개는 무릉도원으로 가는 길을 안내해 줄 것처럼 신비롭게 흐르고 있었다.

그 풍경에 가슴이 한껏 부풀어 한적한 길을 달리다 보니 '소나기 마을 정배리'라고 적힌 표지판이 보였다. 그 방향으로 접어들어 꼬불꼬불한 길을 달리다 보니 '양평군 황순원 문학촌 소나기마을'이라고 적힌 또 하나의 이정표가 있었다. 나그네에게 이정표처럼 반가운 것이 또 있을까? 내가 온 길이 정확했는지를 확인할 수 있고, 내가 가야 할 길이 어디로 뻗어있는지 내다 볼 수 있으니 말이다.

그곳에서 소나기마을과 반대편으로 접어들어 새소리에 취하니 좁다란 길의 오른편에 한눈에 들어오는 집이 두 채 있었다. 한눈에 보기에도 멋진 그 집이 바로 잊을 수 없는 추억을 만들 수 있는 공간인 '인 마이 메모리'였다.

그곳은 일요일과 월요일에는 문을 닫는다. 문을 여는 요일에는 정오나 정오에서 삼십 분쯤 지난 시간에 문을 열고 네 시 무렵에 문을 닫는다. 미리 전화를 걸어 예약을 하면 예약한 사람이 원하는 시간에 문을 열어 주고, 그 공간에서 가장 우아한 자리를 마련해 준다.

나 역시 미리 약속을 한 뒤에 찾아가기는 했으나 너무 이른 시간에 도착을 한 지라 선뜻 그곳의 문을 열고 들어가는 것이 망설여졌다.

나 같은 사람을 위해서일까? 출입문에 쪽지가 한 장 붙어 있었다.

안채에 있습니다.
전화 주시면 바로 나오겠습니다.
010-5223-2326

주인장의 허락 없이 주변을 둘러보는 것은 결례일 것만 같아 카페와 붙어 있는 안채로 전화를 했다. 그랬더니 그 카페의 행복한 주인장인 임헌창 씨가 나와서 반갑게 문을 열어 주었다. 그는 머리가 희끗희끗한 초로의 노신사였다.

실내로 들어가는 순간 나는 눈이 휘둥그레졌다. 걸음을 떼어놓기가 조심스러웠다. 그곳은 마치 진귀한 도자기들이 전시된 박물관과 다름없었기 때문이다.

"아내가 35년 동안 세계 각국을 여행하며 모은 도자기들이에요. 물론 저랑 같이 고른 것들도 있지요. 그 도자기들이 상자 상자에 담겨서 집에 보관돼 있었어요. 그걸 보면서 늘 생각했지요. 아내의 추억이 담겨 있는 것들을 펼쳐 놓을 공간을 만들어야겠다고요. 그런데 제가 젊을 때부터 커피를 좋아했어요. 아내랑 자주 이 양평으로 드라이브를 오곤 했지요. 비포장도로였을 때죠. 그때마다 가던 곳이 카페 '무너미'예요. 그곳에서 커피를 마시면서 저도 생각했지요. 나이 들어 이런 카페 하나 하면 좋겠

다고. 그런데 제 꿈이 이뤄진 거지요. 제 성격이 활동적이지 않고 조용하니까 커피집이 제 성격하고도 맞아요, 커피가 시끄러운 게 아니잖아요?"

60세에 무역업에서 은퇴를 한 임헌창 씨는 단국대학교 평생교육원에서 20주 동안 커피 공부를 했다. 창업 위주의 교육보다는 실기 위주로 교육을 하는 곳이어서 그곳을 선택했다. 한 학기에는 핸드드립을 배우고, 한 한기에는 로스팅을 배웠다. 그리고 또 다른 선생에게 사사를 했다. 그리고는 전원생활을 하면서 카페를 할 적당한 장소를 물색했다. 양평을 자주 오갔다. 공장이 없고, 서울과 가깝고, 아내와 나들이한 추억이 서린 곳이어서 말이다.

그 겨울의 아침에도 일찍 양평에 왔다. 부동산중개업을 하는 사람이 그 집의 마당을 쓸고 있는 풍경이 한 폭의 그림 같아서 가만히 지켜보고 있었다. 그러다 눈이 마주친 그 사람에게 이곳에서 커피집을 하고 싶은 자신의 의향을 내비쳤다. 그러자 그 사람이 지금의 '인 마이 메모리'가 있는 곳을 보여줬다. 한국화를 그리는 한 화가가 어렵게 구한 나무들로 곡선을 잘 살려 지은 집이어서 마음에 쏙 들었다.

전통찻집으로 2년을 쓴 뒤 10년째 비어 있는 집이라 폐가에 가까웠지만 황토빛깔이던 주조 색을 환하게 바꾸고 내부와 외부를 단장하는 두 달 동안 임헌창 씨는 정말 행복했다. '아, 여기서 커피집을 할 수 있구나!' 하는 생각만으로……. 그 행복을 타인과 나누려고 카페의 문을 연 날은 2007년 8월 11일이다.

"이 안에 들어오면 온갖 시름이 다 사라져요. 다른 사람도 여기 와서 두 시간이고 세 시간이고 편히 있다 가면 좋겠어요. 나이 먹어서 갈 만한 공간이 많지 않은데……. 여기 와서 자연도 느끼고, 대리 만족도 하고……. 마음의 상처가 있는 사람은 와서 치유도 하고, 여기다 근심을 다 내려놓고 가시면 좋겠어요."

찾아가기가 쉽지만은 않은 '인 마이 메모리'의 단골 95%는 분당과 서울에서 온다. 도심에서 느끼지 못하는 것을 느끼며 한담을 나누려고 먼 길을 달려온 사람들에게 임헌창 씨는 가장 먼저 자메이카 블루마운틴을 한 잔씩 선물한다. 그는 늘 자신의 카페에 오는 사람들에게 첫 커피는 선물로 준다. 그것도 블루마운틴으로. 두 번째 커피는 주문을 받아 핸드드립을 해 준다.

임헌창 씨는 '인 마이 메모리'에 추억을 만들러 오는 사람들을 위해 각양각색의 커피잔 300개, 에스프레소잔 200개, 티팟 100개를 준비하고 있다. 그 휘황찬란한 잔들 중에서 자신이 커피를 담아 마시고 싶은 잔을 고를 수 있다. 자신이 택한 커피의 맛을 돋보이게 하고, 그날의 기분과 꼭 어울리는 것으로 말이다.

그곳에 오는 사람들은 주로 중남미 커피를 선호한다. 브라질, 콜롬비아, 코스타리카, 과테말라, 자메이카, 도미니카, 온두라스, 파나마, 페루……. 그러나 여성들은 아프리카 커피인 에티오피아 예가체프를 더 찾는다고 한다. 그것은 아마 임헌창 씨 자신이 좋아하는 그 커피를 그들에게 권하기 때문이 아닐까 싶기도 하다. 그는 커피 중에서 독특하고, 맛이나 향도 다른 커피와는 달라서 예가체프에게 매력을 느낀다고 했다.

은은한 꽃 향기까지 말이다.

"일본에 몇 번 커피 투어를 간 적이 있어요. 도쿄에 있는 다이보에는 세 번이나 갔는데 통돌이로 강배전(원두 표면에 기름이 배어나올 정도로 강하게 커피를 볶는 방식)해서 융점적으로 내린 거기 커피에 반했어요. 여기서도 그렇게 진한 커피를 만들어 냈더니, 손님들이 그랬어요. 사약을 주냐? 한약을 주냐? 그래서 요즘은 그렇게 안 해요."

다이보 커피집의 커피에 마음을 빼앗겼던 임헌창 씨는 그 여행에서 다이보에서 쓰는 것과 똑같은 유니온 샘플 로스터를 사 왔다. 그러고는 카페를 내기 이전부터 그것으로 커피를 볶아 즐겼다. 현재도 그 로스터로 일주일에 하루, 새벽 5시부터 아침 8시까지 커피를 볶는다. 대여섯 가지 커피 향기는 '인 마이 메모리'의 구석구석에 스며들어 잊을 수 없는 기억을 낳는다.

"2차 파핑Popping(생두를 볶을 때 속에 든 가스가 팽창해 원두의 표면이 갈라지면서 소리가 나는 현상) 후 10초나 20초 후에 배출해요. 그렇게 볶아서 4일 정도 지나면 기름이 송송 나와요. 샘플 로스터로 볶은 것도 일주일은 지나야 제 맛이 나는 거 같아요."

임헌창 씨는 지인이 몇 가지의 좋은 생두를 추천해 주면 그것을 중심으로 구매를 한다. 물론 손님들이 맛이 좋다고 한 커피의 생두의 구입도 빠뜨리지 않는다. 생두를 구입하면 가장 먼저 핸드픽을 해서 자루에 담아 둔다. 그러고는 그때그때 필요한 양만큼 덜어서 로스팅을 한다.

임헌창 씨가 그렇게 무념무상의 경지에서 볶는 원두를 사러 오는 사람도 몇은 있지만 대부분은 그곳에 와서 도자기를 감상하는 즐거움을 만끽하며 커피를 즐긴다. 그들을 위해서 임헌창 씨는 몇 가지의 방식으로 핸드드립을 해서 커피를 만든다.

1인분의 커피는 멜리타 드리퍼로 내리고, 2인분의 커피는 칼리타 드리퍼로 내린다. 그 드리퍼들이 소량의 커피를 내리는 데 적당하다고 생각하기 때문이다. 3인분 이상의 커피는 고노 드리퍼로 내린다. 물줄기를 굵게 줘도 되는 그 드리퍼는 추출량이 많을 때 적당하다고 믿기 때문이다.

보통의 경우에 1인분의 커피는 10g으로 120cc를 추출한다. 연하게 달라고 부탁하는 사람에게는 20cc나 30cc의 물을 희석해서 준다. 최초에 드립을 시작하는 물의 온도는 88℃다. 그러나 드립을 마무리 짓는 3차 드립을 할 때는 온도를 80℃까지 자연스럽게 떨어뜨린다.

임헌창 씨는 커피를 볶을 때처럼 커피를 내릴 때 역시 커피만을 생각한다. 그렇게 만든 커피를 잔에 담아 낼 때 거품을 말끔히 걷어낸다. 탕을 끓일 때도 거품을 걷어내는 한국인의 정서에 거품은 썩 어울리지 않는다고 생각하기 때문이다.

"별다른 취미는 없고, 커피만 좋아해요. 하루에 서너 잔 마셔요. 자고 나면 한 잔, 점심 먹고 한 잔, 손님들과 한 잔, 저녁 먹고 한 잔⋯⋯. 개인적으로는 융점적 드립으로 내린 커피를 좋아해요."

물줄기를 한 방울 두 방울 떨어뜨리는 '인 마이 메모리'의 융점적 드립은 정말 특별하다. 긴 추출 시간 동안에 커피가 식지 않도록 하는 그 드립 순서는 다음과 같다.

"커피는 저의 마음에 평화를 줍니다.
이 나이에 뭘 더 바라겠습니까?
욕심낼 것도 없고, 욕심낸다고 되는 것도 아니고…….
덜어내고, 비워내야 되는 게 제 나이 아니겠습니까?"

1. 일본에서 구해 온 동으로 만든 커다란 양푼에 뜨거운 물을 적당량 채운다.
2. 체즈베처럼 생긴 긴 자루가 달린 동으로 만든 냄비를 뜨거운 물로 데운 뒤에 양푼 속에 띄운다.
3. 냄비 위에 융드리퍼를 대고 드립을 한다.

커피 추출 기구를 하나하나 준비하는 정성에 방울방울 맛있는 커피를 내리려는 마음이 더해진 그 커피는 가슴을 뭉클하게 한다.

"커피는 저의 마음에 평화를 줍니다. 이 나이에 뭘 더 바라겠습니까? 욕심낼 것도 없고, 욕심낸다고 되는 것도 아니고……. 덜어내고, 비워내야 되는 게 제 나이 아니겠습니까? 커피집을 내고 나니까 정말 좋습니다. 우선은 내가 좋아하는 커피를 직접 로스팅하고 드립하여 마시니까 좋습니다. 하지만 그 무엇보다 이 공간에서 다양한 사람과 교류할 수 있어서 좋습니다. 듣고 배우는 게 많습니다. 손님들이 여기 와서 한시름 덜고 간 뒤에 또 언젠가 문득 오고 싶은 공간이 됐으면 합니다. 누구든 서로 마음이 통할 수 있는 장소가 되었으면 좋겠어요."

하루에 열 명만 찾아오면 손님도 여유 있게 분위기를 즐기고 자신도 심심하지 않아 좋다는 임헌창 씨는 새벽 다섯 시면 일어나서 집 주변을 다듬는다. '인 마이 메모리'에 오는 사람들에게 조금이라도 더 목가적인 아름다움을 선사하려고 말이다. 그는 잡풀을 뽑고, 전지를 하고, 꽃모종을 옮긴다. 이제 그는 카페의 전기공사며 상수도 배관공사며 지붕공사도 혼자서 거뜬히 할 줄 안다.

그러고 보면 커피의 힘이란 참 놀라운 것이다. 무역업만 알던 임헌창 씨를 '인 마이 메모리'의 환경에 적합한 사람으로 바꾸어 놓았으니 말이다.

그 카페의 드넓은 정원에서 수런대는 나무들의 수종이 무엇이며, 그곳에서 색과 향기를 뿜내는 꽃들의 이름이 무엇인지를 알아맞히다가 화장실에 가 보아도 특별한 재미를 느낄 수 있다. 남성용과 여성용 두 채인 화장실은 천장이 유리로 된 작은 동굴 같다. 그곳에 들어가서 하늘을 보면 천장 위로 드리운 나뭇잎들이 춤을 추는 광경이 아련한 추억을 불러낸다.

"영업허가를 낸 사람도 아내고, 집 주인도 아내고, 저는 종업원입니다. 임금 없는 종업원."

임헌창 씨는 아내의 도자기 수집 취미 때문에 커피집을 할 계획을 세울 수 있었다며 입이 닳도록 아내에 대한 고마움을 표한다. 그러면서 전원생활이 그림 같지만은 않아 불편해 하는 아내에게 시종일관 미안함도 표한다.

그는 오늘도 카페 '인 마이 메모리'의 마당을 쓸고, 커피를 볶고, 커피를 내린다. 80세가 될 때까지 그러하리라!

커피에서 '환희의 송가'가 들린다
# 루드비히 커피 하우스
Ludwing Coffee House

섬세하다는 건,

고요하지만 열정적이라는 것

제주한라대학 음악과에서 피아노를 가르치던 피아니스트 오현숙 씨가 그 일을 그만두고 자신이 좋아하는 음악가인 루드비히 반 베토벤의 이름을 따서 만든 것이 '루드비히 커피 하우스<sup>Ludwing Coffee House</sup>'다.

경영학을 전공한 조카 오동은이 만들었다는 그곳의 메뉴판을 펼치면 그 안쪽에 베토벤이 얼마나 커피애호가였는지를 단박에 알 수 있는 문구가 적혀 있다.

나는 조반상에 더할 수 없는 벗을 한 번도 빠뜨린 적이 없다.
'커피'를 빼놓고는 그 어떤 것도 쫓을 수가 없다.
한 잔의 커피를 만드는 원두는 나에게
60여 가지의 좋은 아이디어를 준다.

베토벤은 실제로 퍼콜레이터$^{Percolator}$(물과 분쇄한 커피를 넣어 커피를 삼출하는 커피메이커)라는 커피 추출 기구를 이용해서 아침마다 커피를 만들어 마셨다. 매번 60개의 원두를 정확하게 세어서 분쇄한 뒤 공들여 커피를 끓였는데, 방문객이 오면 그 방문객들 수대로 일일이 원두를 세어 썼다. 그는 나름대로 자신의 기호를 충족시키는 커피의 양을 정확히 측정하고 있었던 것이다.

악상을 떠올리는 데 도움을 주는 약이 커피라고 생각했던 베토벤처럼 오현숙 씨 역시 커피를 사랑했다. 그녀가 커피 하우스를 내고 싶다는 생각을 처음 한 것은 무려 20여 년 전이다. 그러나 제자들을 키우느라 선뜻 그 일을 실행에 옮기지는 못하고 서울을 오가며 커피 공부만 했다.

연구실에서 동료 교수들이나 제자들과 커피를 앞에 놓고 한담을 나누며 행복해하던 그녀는 어느 날 문득 결단을 내리고 제주도에서 다시 커피 공부를 시작했다. 그런 뒤에 교수직을 그만 두고 2010년 2월 20일에 4층짜리 본인 건물의 1층에 커피 하우스를 차렸다. 그 건물의 외벽에는 원두 모양의 조형물들과 함께 'Coffee with Music'이라는 글씨가 적혀 있다.

"저는 피아노를 전공했고 대학에서도 피아노를 가르쳤기 때문에 클래식 음악과 친숙해요. 그런데 아무래도 음악을 전공하지 않는 사람들은 클래식을 좀 멀게 느끼더라고요. 그런 분들이 여기 와서 클래식 음악 연주를 들으면서 커피 마시면 좋을 거 같아서 커피집을 시작했어요."

'루드비히 커피 하우스'에 가면 홀에 검정색 피아노가 한 대 놓여 있

다. 그 피아노를 보고 있노라면 꼭 하우스음악회에 초대를 받아 온 것만 같다. 피아니스트가 그 피아노 앞에 앉아 연주를 하지는 않지만 실내에 흐르는 클래식 음악이 그런 느낌에 젖게 만든다.

피아노곡들을 좋아하는 오현숙 씨는 손님이 그리 많지 않은 오전 시간대에는 주로 콘체르토를 튼다. 오케스트라가 연주하는 협주곡들은 크게 틀어야 각기 다른 악기가 내는 섬세한 소리를 다 들을 수 있기 때문이다. 그러나 저녁에는 피아노 솔로 연주곡을 중심으로 튼다. 이제 그곳을 찾는 사람들에게도 클래식 음악은 친구처럼 친숙해졌다. 그곳을 음악 감상실로 여기고 오는 사람이 있을 정도가 되었으니 말이다.

나 역시 그 공간을 그리며 서귀포에서 버스를 타고 5.16도로를 넘어 그곳으로 갔다. 그날은 안개가 자욱했다. 신비롭기도 하고 당혹스럽기도 한 제주도의 안개를 헤치고 나갔을 때 베토벤의 피아노협주곡 제5번 〈황제〉가 나를 맞았다.

나는 카덴차를 닮은 케냐 커피를 앞에 놓고 앉았다. 내 입 속으로 흘러드는 커피도 내 귓속으로 흘러드는 음악도 내 숨을 멎게 했다. 그 향기와 리듬에 나를 내맡길 수밖에 없었다.

오현숙 씨의 애초의 계획은 직접 피아노를 연주하거나, 해설이 있는 음악회를 여는 것이었다. 그래서 빔 프로젝트까지 준비를 해 둔 상태다.

그러나 그 우아한 계획들은 생두 구매나 로스팅이나 손님을 응대하는 우직한 일상에게 그 순위가 밀려나고 있다. 그러나 곧 '루드비히 커피하우스'에서는 하우스음악회를 연다는 초대장을 돌릴 것이다. 단골들은 누구나 그 날을 손꼽아 기다리니 말이다.

피아노 때문에 생긴 재미있는 에피소드가 있다.

어느 날 한 청년이 '루드비히 커피 하우스'를 찾아와 피아노를 쳐다보며 물었다.

"여기서 프러포즈할 수 있어요?"

"소중한 시간이니 그렇게 하세요!"

오현숙 씨는 그 청년이 자신의 연인에게 프러포즈하기로 한 날 자신이 가지고 있는 장식품들로 실내를 더 근사하게 꾸며 주었다. 기억에 남는 사진을 찍을 수 있도록 말이다. 그녀가 실내에 흐르던 음악을 끄자 손님들은 재미있는 구경거리가 생긴 양 그 커플을 바라보았다. 한껏 멋을 부린 그 청년은 피아노 앞에 앉아 연주를 시작했다. 음악을 잘 아는 오현숙 씨가 듣기에는 그 실력이 민망할 정도였다. 손님들은 배꼽을 잡고 웃었고……. 그럼에도 불구하고 그 청년은 꿋꿋이 연주를 계속했다. 예비신부는 그 곡조에 취해 마냥 행복한 미소를 지었고……. 그 청년의 용기에 박수를 보낸 오현숙 씨는 피아노가 사랑의 메신저가 되고, 사람들에게 행복을 안겨 준 그 순간을 잊지 말아야 되겠다고 다짐을 했다.

'루드비히 커피 하우스'의 매력은 근사한 이벤트를 할 수 있는 피아노가 그 공간에 놓여 있기 때문만은 아니다. 그곳에 가면 사람을 매혹시키는 많은 것들이 존재한다. 그중 하나가 바로 모닝커피를 마실 수 있다는 것이다. 베토벤처럼 커피 한 잔으로 아침을 대신하고 싶은 사람을 위해 '루드비히 커피 하우스'는 이른 아침 7시부터 문을 연다.

콘체르토와 피아노 솔로곡을 배경으로 클래식 피아노를 감상하며 커피잔을 기울이는 순간, 베토벤의 환영이 커피잔을 넘실거린다.

"커피를 마실 때 컨디션이 중요해요. 그래서 푹 자고 난 아침에 일찍 커피를 마시면 좋겠다 싶었어요. 많은 사람들이 제게 조언을 했어요. 문을 늦게 열고, 늦게 닫으라고요. 그래야 돈 번다고요. 그러나 저는 아침에 마시는 커피가 맛있을 거 같아서 아침에 문 열어요. 경제적인 이득은 없지만……. 이곳에 오시는 분들이 모닝커피 한 잔 드시면서 하루를 잘 계획했으면 좋겠어요."

아! 내가 '루드비히 커피 하우스' 근처에 산다면 아침마다 그곳에 가서 모닝커피를 마실 텐데……. 내가 사는 도시뿐만 아니라 다른 도시에서도 모닝커피를 마실 수 있는 핸드드립 전문점을 얼마나 아쉬워했던 가! 이 집 저 집에 가 봐도 커피집들이 문을 여는 시간은 대부분 오전 열 시를 넘긴 시각이었으니 말이다. 그래서 나 역시 커피집을 낸다면 꼭 이른 아침에 문을 열어 모닝커피를 마시러 오는 사람을 맞겠다는 다짐까지 한 적이 있다.

'루드비히 커피 하우스'가 문을 열자마자 기다렸다는 듯이 들이닥치는 손님들은 직장에 출근을 하면서 커피를 사 가려는 단골들과 조용한 시간에 혼자 책을 읽거나 글을 쓰려는 사람들이다. 이곳에서 글을 쓰면 잘 써진다고……. 오래 있고 싶다고…….

이곳의 단골은 중년이 많다. 남자도 많다. 사업가나 교수, 의사들이 이 공간으로 회의를 하러 자주 온다. 앞쪽 출입구에서 보면 주방 왼쪽에 조용히 담화를 나눌 수 있는 공간이 준비되어 있기 때문이다. 또 다른 단골은 교사들이다. 저녁 시간대에는 가족 단위로 손님들이 오기도 한다.

물론 섬을 동경하는 여행객들도 온다.

"제주도로 여행 온 사람이 제가 내려 준 에스프레소를 마시고 너무 고맙다고 여러 차례 인사를 하셨어요. 자기를 행복하게 해 줬다고, 몇 년 만에 맛있는 커피를 마셨다고……. 학생들을 가르칠 때만 보람 있는 줄 알았는데 커피집을 하면서도 보람이 있을 수 있구나 싶었어요. 또 그런 때가 있었는데……. 제주도는 어딜 가든 후식으로 커피가 나와요. 상가나 잔칫집에서도요. 그런데 그런 곳에 갔던 사람들이 '여기 커피가 그리워서 왔어!' 그러면서 커피 마시러 왔을 때 정말 기뻤어요. '루드비히 커피 하우스'가 분위기 때문이 아니라 커피 맛 때문에 잘 알려진 거 같아서요."

오래 사랑한 자신의 입맛에 맞춘 커피를 다른 사람이 사랑해 주니 그저 행복할 따름이라는 오현숙 씨는 커피 맛 못지않게 커피집의 분위기도 중요하다고 생각한다. 그래서 그녀는 커피 하우스의 외관뿐 아니라 실내도 꼼꼼히 단장했다. 앞면과 뒷면이 모두 유리이다 보니 인테리어 견적이 건물을 한 층 올리는 비용과 맞먹게 산출이 되었다. 그래서 그녀는 시공을 인테리어 업자에게 맡기지 않았다. 그러고는 자신이 머릿속에 그린 대로 공사를 시작했다. 황량한 느낌이 드는 공간을 하나하나 정감 있는 것으로 채워나갔다. 그 힘겨운 시간들은 결국 그녀를 울게 만들었다. 그러나 진주 같은 그녀의 눈물방울들 덕에 '루드비히 커피 하우스'는 반짝거린다.

깔끔한 것을 좋아하는 성격 탓에 천장은 하얗게 칠했고, 바닥은 나무

"루드비히 커피 하우스가 다른 사람에게
 마음의 둥지가 되었으면 좋겠어요.
 사람들이 커피 마시고, 책 읽고, 음악 들으면서
 '아, 행복하다!' 하는 곳이 되었으면 좋겠어요."

재질을 썼다. 건물을 받치고 있는 기둥은 페인트를 칠하되 거친 붓의 느낌을 살렸고 실내를 밝히는 등들의 갓은 마치 거칠게 분쇄한 원두를 발라 놓은 것 같은 것으로 골랐다. 창문의 블라인드는 커피 색깔이다. 주방을 세 번씩이나 새로 고친 것만 봐도 그녀가 원하는 분위기를 만들기 위해 얼마나 애를 썼는지 알 수 있다. 화장실 역시 기분을 화사하게 바꿔주는 공간으로 꾸며 놓았다.

'루드비히 커피 하우스' 곳곳에 붙어 있는 안내문들만 보아도 오현숙 씨가 얼마나 세심하게 커피 하우스를 꾸려나가는지 잘 알 수 있다.

'더치 커피Duch Coffee 내렸습니다.'

'루드비히 커피 원두 판매합니다.'

'루드비히 커피 하우스에서 제주산 팥을 직접 삶아서 만든 "단팥죽" 개시'

'모든 메뉴는 2가지 타입의 추출법으로 추출이 가능하며 A, B의 추출법 중 택일하시면 다른 맛의 커피를 느끼실 수 있습니다.'

그런 '루드비히 커피 하우스'를 찾은 오현숙 씨의 제자들은 말한다.

"커피집을 레슨 하듯이 하시네요!"

음정 하나하나, 틀린 코드 하나하나, 틀린 손가락 하나하나를 바로잡아주던 스승의 그 성품을 '루드비히 커피 하우스'의 곳곳에서 발견한 오현숙 씨의 제자들은 덧붙여 말한다.

"커피집 하길 잘하셨어요!"

피아니스트의 이미지와 커피집 주인의 이미지 중에서 전자에 대한 미련을 버리지 못하고 커피 하우스를 여는 것을 반대했던 제자들은 이제야 안도의 한숨을 내쉬며 웃는다.

오현숙 씨는 커피를 담는 도자기 잔뿐만 아니라 종이컵, 냅킨 등의 모든 용품에 음악적 분위기가 물씬 풍기는 '루드비히 커피 하우스'의 로고를 인쇄했다. 자신이 좋아하는 커피 하우스를 오래 할 생각으로 투자를 아끼지 않은 것이다.

그녀는 과일 하나를 고를 때도 한 가게에서 다 고르지 않는다. 빵 하나를 고를 때도 마찬가지다. 필요한 과일이나 빵이 특히 맛있는 집을 골라 다니며 구매를 한다. 곡물과 견과류와 아이스크림에 에스프레소를 부어 만드는 커피빙수를 담는 그릇과 스푼을 담는 그릇만 봐도 그 성품을 알 수 있다. 멋과 맛을 동시에 충족시킬 수 있는 사각형의 특별한 그 그릇들을 찾아 헤매었듯 그녀는 1년 후에도 10년 후에도 '루드비히 커피 하우스'를 찾는 사람들에게 행복감을 주기 위해서는 발품을 팔고 또 팔 것이다.

오현숙 씨는 주로 한가해서 집중하기 좋은 오전에 커피를 볶는다. 주방의 한쪽에 놓인 로스터 앞에 서서 이틀이나 사흘에 한 번씩 커피를 볶는다. 세게 볶지 않고 중간 정도로 볶는다. 에스프레소용은 블렌딩을 먼저 한 뒤에 볶는다. 그래야 맛의 조화가 있다고 믿기 때문이다. 핸드픽 역시 로스팅 후에 한다. 썩은 생두는 로스팅을 하기 전에도 잘 가려낼 수 있으나 속이 빈 생두는 로스팅을 한 후에야 잘 가려낼 수 있다고 보기 때문이다.

"커피가 색깔이 예쁘고 잘 볶였다 싶으면 기분이 좋아요. 잘 못 볶이면 기분이 안 좋고요. 잘 볶인 원두를 유리병에 담아 선반에 올려 두고 나면 마음이 그득해지면서 부자가 된 느낌이 들어요."

오현숙 씨는 초시계를 놓고 핸드드립을 한 커피의 거품을 걷어낼 때도 그 스푼을 뜨거운 물에 담갔다 쓴다. 차가운 스푼이 커피 맛을 훼손할까봐 세심하게 신경 쓰는 것이다. 200cc가 용량인 핸드드립 전용 커피잔을 쓰는 오현숙 씨는 일반적인 커피는 12~13g을 쓰고, 조금 진한 커피는 15g, 더 진한 커피는 17g을 쓴다. 자신의 일을 도와주는 스태프들에게 입버릇처럼 하는 말이 '원두를 아끼지 말라!'는 것이다.

정원에 있는 세 그루의 향나무 꼭대기에 새가 와서 튼 둥지를 보여주며 오현숙 씨는 내게 말했다.

"루드비히 커피 하우스가 다른 사람에게 마음의 둥지가 되었으면 좋겠어요. 사람들이 커피 마시고, 책 읽고, 음악 들으면서 '아, 행복하다!' 하는 곳이 되었으면 좋겠어요."

볼리비아 커피를 좋아하는 오현숙 씨의 '루드비히 커피 하우스'는 영화 〈불멸의 연인〉에 나오는 베토벤의 연인처럼 숨어 있다. 대로에서 아라교를 건너가면 '환희의 송가'가 흘러나오는 왼쪽에…….

다 마신 커피잔 속에 내 삶의 무늬가 보이다

# 퀼트

Quilt

산다는 건,
내 생애 마지막 한 조각을 남겨두는 것

"우리 집 느티나무 예쁘죠? 사계절이 뚜렷해서 너무나 사랑스러운 애예요."

살림집을 겸해서 쓰는 이국풍의 카페 건물 입구 왼쪽에 서 있는 느티나무를 보고 카페 '퀼트Quilt'의 주인 문봉실 씨가 내게 한 말이다. 일 년 365일 오전 11시에서 밤 11시까지 문을 여는 카페이다 보니, 가게 안에만 있어도 바깥 계절의 변화를 시시때때로 전해 주는 그 나무에게 무한한 애정을 느끼나 보다.

카페를 사랑하는 사람들은 자신의 단골 카페가 일 년 내내 열려 있기를 소망한다. 향기로운 커피를 한 잔 마시고 싶을 때, 마음이 울적할 때, 누군가와 담소를 나누고 싶을 때 편하게 갈 수 있는 공간이 있다는 것만으로도 위안이 되기 때문이다. 그런 의미에서 '퀼트'의 단골들은 행복한 이들이다.

"금촌에서 4년 있다가 여기로 이사 온 지 벌써 9년 됐어요. 어디로 이사를 해야 하나 고민할 때 한 손님이 그러셨어요. 단골도 재산이니 멀리 가지 말라고요. 그래서 구석진 곳이지만 여기로 오게 됐어요. 그런데 그분 말씀이 딱 맞았어요. 금촌 시절 단골들이 300분 이상 이렇게 외진 곳까지 찾아 주시거든요."

정말 의외의 장소에 있는 '퀼트'를 찾아가는 사람들은 조슬린 무어하우스 감독이 만든 미국영화 〈아메리칸 퀼트How to Make an American Quilt〉가 던지는 화두를 떠올릴지도 모른다.

> 삶을 하나의 무늬로 바라보라. 행복과 고통은 다른 세세한 사건들과 섞여 정교한 무늬를 이루고, 시련도 그 무늬를 더해 주는 재료가 된다. 그리하여 최후가 다가왔을 때 우리는 그 무늬의 완성을 기뻐하게 되는 것이다.

여주인공 핀 역을 맡은 위노나 라이더가 할머니와 이모할머니를 비롯한 일곱 명의 여자들이 만들어 준 자신의 웨딩퀼트를 보면서 자신이 머물러야 할 곳을 찾게 되는 것처럼 카페 '퀼트'에 가는 사람들은 역시 자신의 머물 곳을 찾는 여행자들인지 모른다.

영화 〈아메리칸 퀼트〉에 흐르던 빙 크로스비의 '당신은 나의 것You Belong To Me'을 들으며 카페 '퀼트'에 가면 행복하게 커피를 만드는 문봉실 씨를 만날 수 있다.

그녀는 늘 웃는다. 사람들이 어떤 커피를 마실지 선뜻 고르지 못하고 망설일 때 주방을 나서며 웃는다. 메뉴판에 있는 각각의 커피에 대해 설명을 할 때도 웃는다. 주문을 받아 그들 취향에 맞춘 커피를 내릴 때도 웃는다. 그 커피를 마시는 사람들을 보면서도 웃는다. 웃고, 또 웃는다. 그녀를 보는 사람 또한 웃게 된다.

"저는 자주 행복을 느껴요. 제가 공들여 만든 커피를 마신 사람들이 맛있다고 칭찬해 줄 때 행복을 느끼고, 사람들이 먼 곳에서 일부러 커피를 마시러 와 줄 때도 행복을 느껴요. 말없이 커피를 마시고 돌아간 뒤에 자신의 블로그에 그 소감을 올려놓은 사람들을 볼 때도 행복을 느끼고요."

카페 '퀼트'에 가서 문봉실 씨를 보면 '아, 정말 행복하게 자기 일을 하는 사람이구나!'라는 것을 단박에 느낄 수 있다. 커피 만드는 일을 선택한 것을 단 한 번도 후회한 적이 없는, 행복한 사람이 만드는 행복한 커피를 마시는 사람은 행복해질 일밖에 없을 것이다.

"제가 단맛을 좋아해요. 단맛을 마시면 기분이 좋잖아요. 그래서 로스팅을 할 때도 되도록 단맛이 나게 해요."

커피가 가지고 있는 이루 헤아릴 수 없는 맛 중에서 단맛을 강조하는 로스팅을 하는 문봉실 씨의 로스팅 룸은 카페 '퀼트' 바로 앞 건물에 있다.

두 그루의 커피나무가 수문장처럼 서 있는 건물 1층의 문을 열면 그곳에 후지로얄 1kg, 5kg짜리 두 대의 로스터가 놓여 있다.

"저 녀석은 9년 된 친구예요."

1kg짜리 로스터를 가리키며 말하는 문봉실 씨의 어조에는 그 로스터에 대한 애정이 묻어났다. 그 로스터를 쓸 때는 길 건너편의 카페 한쪽에서 로스팅을 했으나 5kg짜리 로스터를 사면서 그 기계를 둘 장소와 함께 커피교육장을 마련한 곳이 바로 지금의 로스팅 룸이다.

안에서 훤히 내다보이는 바깥에서 요즘에는 개구리 울음소리가 들리지만 가을에는 벼가 노랗게 익어서 예쁘고, 겨울이면 철새들이 새카맣게 하늘을 뒤덮으며 날아다니는 모습이 장관을 이룬다. 그곳에서 문봉실 씨는 연금술사가 된다.

"저는 직화식을 좋아해요. 시간과 불을 조절하는 게 제일 힘들지만 저만의 스타일을 가진 커피를 만들 수 있어서 재미있어요. 5kg짜리 로스터를 샀을 때 처음에는 기계에 대한 두려움 때문에 혼났어요. 적응하는 데만 3개월 걸렸어요. 대략 60kg은 볶아서 버린 거 같아요. 그러고 나니까 지금은 커피콩이 하는 말을 들을 수 있어요. 커피콩들이 원하는 불과 시간을 주는 게 제일 중요해요. 그러면 제가 원하는 맛이 나오거든요."

커피콩과 대화를 나누면서 로스팅을 할 정도라니 문봉실 씨가 커피에 대해 지니고 있는 애정이 얼마나 무한한지를 미루어 짐작할 수 있다.

로스팅을 할 때마다 그녀는 오른손에 목장갑을 끼고, 눈에는 돋보기를 낀다. 불을 조절해가며, 샘플 봉으로 꺼낸 커피콩을 관찰한다. 그것을 만져보기도 하고, 색깔을 살펴보기도 하고, 코 가까이 가져가 향을 맡아보기도 한다. 자신이 원하는 맛있는 맛만을 잡아내려고 심혈을 기울인다.

'오늘을 소중히 하는 이의 미래는 밝다.' 카페 '퀼트'가 속삭인다.

그 맛을 한순간에 무너뜨릴 수 있는 그 어떤 생각이나 행동도 일절 금한다.

어떻게 하면 목 넘김이 깔끔하고 향이 강한 커피를 만들 수 있을까? 어떻게 하면 잔에 담겼을 때 가장 맛있는 커피를 만들 수 있을까? 자나 깨나 고민을 하는 문봉실 씨는 모든 커피를 강하게 볶는다. 그렇게 커피를 볶는 스타일을 두고 같은 선생한테 배운 선배들은 중간 정도로 볶는 요즘의 추세를 따르라고 넌지시 충고를 하기도 한다.

그러나 문봉실 씨는 개성적인 커피 맛을 낼 수 있는 자신의 로스팅 방식을 고수한다. 그러고는 커피가 신선해서 맛있을 때 손님들에게 좋은 맛을 많이 느끼게 해 주고 싶어 리필을 무료로 해 준다.

그 마음 씀씀이 때문에 동네의 중장년 부부들이 자주 오는데, 편안한 자리에 앉을지 전망이 좋은 자리에 앉을지를 두고 티격태격하기도 한다. 그런 정겨운 풍경을 볼 수 있는 곳이 카페 '퀼트'이기도 하다. 이웃의 그런 사랑싸움을 지켜볼 때도 문봉실 씨는 활짝 웃는다.

그 카페에 가면 웃음만큼이나 퀼트가 많다. 벽면이나 탁자 구석구석을 장식하고 있는 그 작품들은 모두 문봉실 씨가 한 땀 한 땀 정성을 기울여 만든 작품들이다.

그 귀한 것들 중에서 내 눈길을 가만히 잡아당긴 것은 커피잔이었다. 나는 그 알록달록한 잔에 '퀼트'만의 개성이 살아 있는 진한 커피 향기를 담아 천천히 음미했다. 그 커피는 감히 여장부라 부를 수 있는 문봉실 씨의 커피에 대한 열정처럼 뜨거워서 공허한 마음을 채우기에 충분했다.

저마다 이야기를 품고 있는 그곳의 퀼트 작품들은 수시로 바뀐다. 계절에 따라 바뀌기도 하고, 크리스마스처럼 특별한 날에 따라 바뀌기도 한다. 커피를 마시는 재미 못지않게 퀼트가 안내하는 이야기 속으로 여행을 떠나는 재미 또한 크나큰 곳이 바로 카페 '퀼트'다.

"커피를 하기 전에 10년 동안 퀼트에 빠졌었어요. 그래서 처음에는 '퀼트앤커피'라고 상호를 정했었어요. 퀼트 가르치면서 커피메이커로 커피를 내려서 팔았어요. 그러다 에스프레소 만드는 걸 배우고, 단국대학교 평생교육원에서 커피전문가 과정을 공부했어요. 그런데 퀼트도 그렇고 커피도 그렇고 시간을 요하는 거잖아요? 둘 다 잡고 있을 수가 없었어요. 퀼트는 취미로 해도 될 것 같아서 커피를 택했어요. 서로 다른 장애가 있는 남편과 제가 평생 할 수 있는 일을 계속 찾았는데, 커피를 선택한 걸 잘했다 생각해요."

'퀼트앤커피'라는 예전의 상호에서 '퀼트'만 선택한 것은 아마 평생 함께 해야 할 멋있는 일로 선택하지 못한 퀼트에 대한 미안함 때문이 아니었을까?

문봉실 씨는 카페 '퀼트'가 사랑방이 되기를 원한다. 길손들도 들어와 편히 쉬면서 사람 냄새를 맡을 수 있는 공간이기를 원한다. 사람을 좋아하는 사람들이 모여들기를 원한다. 그들이 한 잔의 커피로 생활이나 마음을 향기롭게 바꾸기를 원한다. '퀼트'때문에 바뀌는 이곳의 분위기처럼 말이다.

카페 '퀼트'의 주방은 가족적이다. 그곳에서 문봉실 씨는 남편 우찬현

"저는 여러분에게 화력을 조절하는 법, 향을 담는 법,
맛있는 커피를 만드는 기본을 가르쳐 드릴 테니
여러분은 여러분의 커피를 만드세요!"

씨와 나란히 앉아 있거나 서 있다. 남편은 커피를 만드는 아내가 지칠세라 이런저런 얘기를 들려준다. 순진무구한 영혼의 결이 엿보이는 질문들을 던지기도 한다. 그러면서 아내를 도울 수 있는 일은 찾아서 돕는다. 호텔조리제빵과에 다니는 대학생 딸 우 새난슬은 그런 부모를 도와 부지런히 움직인다. 그러다 짬이 나면 말없이 커피를 만든다. 에스프레소는 엄마 앞에 놓아주고, 아이스커피는 아빠 앞에 놓아준다. 그 순간 모두 빙긋 벙긋 방긋 웃는다. 카페 '퀼트'에서는 그렇게 한 잔의 커피를 만드는 레시피가 특별하다.

카페 '퀼트'를 특별한 공간으로 만드는 것은 그곳을 진정으로 사랑하는 사람들이다. 그런 이들은 그곳의 커피 맛에 대한 표현도 솔직하다. 몸과 마음이 느끼는 대로 진솔하게 말한다. 그런 사람 중에 문봉실 씨 기억에 생생한 이가 있다.

"나 자신도 커피마다 그 맛이 다 다르다는 걸 모를 때 항상 우리 카페에 오면 '내 커피 주세요!' 하던 분이 있었어요. 예가체프를 찾는 분이었죠. 그때 그 커피가 20g밖에 없어서 하라를 섞었어요. 그런데 그 커피를 마신 그 분이 대뜸 '어, 이거 내 커피 아닌데요!' 했어요. 저는 곧바로 이실직고를 했지요. 같은 나라 커피라서 좀 섞었다고……. 그랬더니 '아니에요. 이 맛 아니에요!'라고 고개를 흔들었어요. 등골이 오싹했지요. 그 기억 때문에 지금도 항상 같은 커피를 드시는 분이 오면 긴장해요. 항상 맛이 같아야 하니까요."

그 사건 덕에 문봉실 씨는 한 점 부끄럼이 없는 커피를 만들어야겠다고 다짐을 했다고 한다. 품질이 더 좋은 생두를 구입하고, 커피 맛의 정수가 살아 있는 로스팅을 하고, 핸드픽 역시 만전을 기하고, 핸드드립에도 심혈을 기울인다.

문봉실 씨가 내린 커피와 우 새난슬이 내린 커피, '퀼트' 스텝이 내린 커피를 각각 구분할 줄 아는 미각을 지닌 단골들의 기호를 충분히 충족시켜 주기 위해 문봉실 씨는 핸드드립을 할 때 고노 드리퍼만 쓴다. 투과식이라 다른 드리퍼에 비해 숙련된 드립 기교를 필요로 하는 그 드리퍼를 쓸 때 문봉실 씨는 원두의 분쇄도를 가늘게 해서 85℃에서 86℃ 사이의 물로 내린다.

문봉실 씨의 커피가 맛있다고 생각하는 사람들은 '퀼트'로 커피 교육을 받으러 온다. 그들은 대부분 커피에 대한 취향이 문봉실 씨와 비슷하다. 신맛을 싫어하는 사람들이다. 그들에게 문봉실 씨는 이렇게 말한다.

"저는 여러분에게 화력을 조절하는 법, 향을 담는 법, 맛있는 커피를 만드는 기본을 가르쳐 드릴 테니 여러분은 여러분의 커피를 만드세요!"

자신과 똑같은 제자를 양산하는 스승이 결코 좋은 스승은 아니다. 제자가 많고 많아도 그 제자들 각각의 개성을 잘 찾아내서 그 개성대로 클 수 있게 길을 터주는 스승이 좋은 스승일 테다. 문봉실 씨처럼 말이다.

어느 멋진 가을 날 카페 '퀼트'에 가면 그 날의 날씨처럼 멋진 정기 재주연주회가 열리고 있을 것이다. 그런 나날이 지나다 보면 퀼트와 다른 예술이 접목된 또 다른 문화를 그 카페에서 향유할 날도 있을 테다.

그런 날을 꿈꾸며 카페 '퀼트'를 나온 내 여행 가방에서는 문봉실 씨

가 싸 준 갓 볶은 원두가 향기를 발산했다. 그 향기는 로스팅을 할 때 "오늘 볶은 콩 싸 드릴 테니 갖고 가세요!"라고 문봉실 씨가 내게 했던 말처럼 내 기분을 달게 만들었다.

파주를 생각하면 헤이리 예술마을, 파주 출판도시, 프로방스 마을, 감악산, 적성 물푸레나무, 박찬옥 감독이 만든 영화 〈파주 Paju〉만 연상하던 나는 이제 그 목록의 맨 위에, 카페 '퀼트'를 올렸다.

커피가 인연을, 인연이 커피를 부르는 곳
# 잼있는 커피 티을

전라남도 구례군 구례읍 봉동리 317-9번지 | 최아리 | 061 783 0213

꿈이라는 건,
계속 꿈꾸는 것

"미나리콜렉숀은 원래 매달 첫째 주 토요일 저녁 8시에 열립니다. 그런데 반가운 손님들이 오셔서 깜짝 미나리콜렉숀을 열겠습니다. 뭐든지 하고 싶은 거 하시면 돼요. 노래하셔도 되고, 춤 추셔도 되고, 콜라 1리터 원 샷 하셔도 되고……."

긴 머리를 한 갈래로 묶고, 안경을 쓰고, 베이스 기타를 맨 흑무가 말했다.

"해치지 않아요. 놀러 오세요!"

단발머리에 잔잔한 꽃무늬가 있는 원피스 차림으로 전자 기타를 맨 모모가 익살스럽게 말했다.

출입구에 선 흑무와 모모를 바라보던 사람들이 환호를 했다.

아내인 모모가 기타를 치며 첫 순서를 시작했다. 남편인 흑무는 그녀 옆에서 기타로 반주를 하고, 그들 부부 앞에 앉은 하루는 드럼을 치며 흥을 돋우었다.

"Oh the wind whistles down the cold dark street tonight. And the people they were dancing to the music vibe……. 바람 소리가 들려오는 오늘 밤의 어두운 거리엔 사람들이 음악에 맞춰 춤을 추고……. And you're singing the song thinking this is the life……. 당신은 노래를 하며 생각하죠. 이것이 인생이라고……. Where you gonna go, where you gonna go?…… 당신은 어디로 갈 건가요, 어디로 갈 건가요?……."

모모가 토해내듯이 부르는 영국의 가수 에이미 맥도널드의 'This is the Life'를 듣는 사람들은 금세 박수를 치고 몸을 흔들며 열광의 도가니로 뛰어들었다. 나는 그녀의 전자 기타 선율에 전율했다. 가슴에서 용암처럼 뜨거운 것이 솟구쳐 올랐다.

"왜 자꾸 눈물이 나지?"

"왜 자꾸 눈물이 나지?"

나는 창피한 줄도 모르고 손등으로 눈물을 훔치며 구석에서 울었다.

노래가 끝나자마자 우레와 같은 박수가 터져 나왔다. 모여 있던 사람들이 한 목소리로 앙코르를 외쳤다. 엄마와 함께 온 네댓 살 된 아이까지 신명에 젖었다.

"꼬맹이가 춤을 너무 잘 추네요! 재미있으니까 한 번 더 하겠습니다. 분위기 좋으면 뒤풀이 있습니다."

흑무의 말이 끝나자마자 모모는 스코틀랜드 출신의 싱어송 라이터

케이티 턴스털의 'Come On, Get In'을
불렀다. 청중들은 격하게 분출되는 리듬이
이끄는 환상적인 세계에 온몸을 맡겼다. 그
러나 나는 그 뜨거운 열기 속에서도 계속 눈
물을 훔쳤다. 혼신을 다해 열창을 하는 모모의 목
소리는 마치 캡슐에 담긴 채 내 속에 무수히 숨겨져 있는 서러
움을 하나씩 찾아내어 콕콕 터트리는 캡슐커피메이커 같았다.

"오늘 미나리콜렉숀에 오신 걸 환영합니다. 두 번째 무대는 당근에게 넘기겠습니다."

흑무가 홀보다 약간 높은 주방을 가리켰다. 사람들의 시선이 일제히 그곳으로 향했다.

"안녕하세요? 당근입니다. 지난번에는 프랑스 화가 프랑수아 부세 그림을 감상하셨는데요, 오늘은 인상파 화가들 그림을 소개해 드릴게요. 여러분, 아마 모네나 마네는 들어보셨을 거예요."

손에 든 노트북을 청중을 향해 들어 보이며 당근이 말했다.

예술의전당에서 도슨트로 일하던 그녀는 미국으로 공부를 하러 떠나기 전에 고향인 구례에 잠시 내려와 있는 중이라 했다. 그녀는 노트북의 화면을 바꾸어가며 모네와 마네가 어떻게 인상파가 되었는지를 재미있게 설명했다. 사람들은 모두 그녀가 보여 주는 그림과 들려주는 이야기 속으로 빨려들었다.

"1850년대까지는 화가들 작품 속 모델이 신이나 귀족 아니면 예수였

어요. 그런데 모네는 이렇게 말했죠. '그런 그림은 가짜다. 현실을 그려야 한다.' 그래서 그는 취객이나 부랑아뿐 아니라 쇼걸이나 여성의 육체를 그렸어요. 우리가 일상에서 흔히 볼 수 있는 풍경들을요. 성스럽거나 역사적 의미가 있거나 아름다운 것만 화폭에 담아야 한다는 고정관념을 깬 거죠. 1873년에 모네는 그 당시 화가들의 등용문인 살롱전에 출품을 했는데, 그의 화풍을 인정받지 못해서 낙선을 하게 돼요. 그러나 모네는 낙심하지 않고 그 이듬해에 르누아르, 세잔, 피사로 같은 다른 낙선 작가들과 의기투합해서 낙선전을 열어요. 그때 모네가 출품한 작품이 바로 이거예요."

그녀가 보여 주는 화면에는 주황색 햇살이 인상적인 풍경이 펼쳐져 있었다. 사진처럼 사물의 형태가 선명하게 드러나 있지는 않았지만 일출의 아름다움은 빛나고 있었다.

"해가 돋는 광경을 그렸지만 풍경이 뭉개져 있죠? 그 당시 비평가들은 이런 화풍을 인정하지 않았을 뿐만 아니라 조롱의 대상으로까지 삼았어요. 그 시대 유명한 미술비평가 루이 르루아는《르 샤리바리》라는 잡지에 낙선전 작가들 그림이 그림도 아니라는 혹평까지 기고할 정도였죠. 그런데 재미있는 건 그 비평문 제목이 〈인상주의 전시〉였다는 거예요. 그는 제목을 고심해서 붙일 가치도 없다고 생각해서 무성의하게 모네의 출품작인 〈인상, 해돋이〉에서 '인상'이라는 말을 따다 '주의'만 붙인 거였죠. 모네와 그 동료들은 인상주의라는 그 표현을 좋아했어요. 그래서 자신들을 인상주의자라 부르기로 의견을 모았고, 인상주의 전시를 지속적으로 열어나갔죠."

미술사 속에 숨어 있는 진주 같은 이야기를 캐내어 들려주는 그녀의 표정은 인상파의 그림들만큼이나 풍부했다. 그녀가 노트북을 닫자마자 그동안 숨을 죽이고 있던 청중들은 힘찬 박수로 그녀에 대한 고마움을 표현했다. 박수가 있는 곳에는 늘 웃음과 열정이 넘친다는 것을 새삼 느낄 수 있는 순간이었다.

"자, 그럼 이번에는 씨앗을 파는 청년을 모시겠습니다. 빨간색 해바라기 같은 희한한 꽃씨, 희귀한 씨앗을 파는 청년입니다!"

하늘색 셔츠를 입은 청년이 흑무가 서 있는 곳으로 나갔다. 그는 손에 시집을 한 권 들고 있었다.

"안녕하세요? 창창이라고 합니다. 저는 실연을 당한 뒤에 구례로 흘러들어와 살기 시작한 지 삼 년 남짓 됐습니다. 저는 오늘 박남준 시인의 시를 낭송하려고 합니다. 박남준 시인은 구례에 사는 사람들이 포장마차에 가거나 맥주집에 가면 마주치는 분입니다. 악양산방에서 고품격으로 사시는 박남준 시인은 이 동네 처녀 총각들한테 싱글의 왕으로 불립니다. 몇 년 전에 표지가 노란 시집을 내서서 제가 늘 손에 들고 다니는데요, 시집 제목은 《그 아저씨네 간이 휴게실 아래》입니다. 이 시집에서 제가 좋아하는 시 한 편 들려 드릴게요."

흑무와 하루가 기타와 드럼으로 멋진 배경음악을 만들어 냈다.

목청을 한껏 가다듬은 창창이 시를 낭송했다.

"나도야 물들어 간다// 박남준// 기다리고 있었어요/ 그대의 곤한 날

개 여기 잠시 쉬어요/ 흔들렸으나 흔들리지 않는 목소리로/ 작은 풀잎이 속삭였다/ 어쩌면 고추잠자리는 그 한마디에/ 온통 몸이 붉게 달아올랐는지도 모른다/ 사랑은 쉬지 않고 닮아가는 것/ 동그랗게 동그랗게 모나지 않는 것/ 안으로 안으로 깊어지는 것/ 그리하여 가득 채웠으나 고집하지 않고/ 저를 고요히 비워내는 것/ 아낌없는 것/ 당신을 향해 뜨거워진다는 것이다/ 작은 씨앗 하나가 자라 허공을 당겨 나아가듯/ 세상을 아름답게 물들여 간다는 것/ 맨 처음 씨앗의 그 간절한 첫 마음처럼."

창창의 목소리는 낭랑했다. 그가 낭송하는 시를 들으며 사람들은 자신들이 사랑하는 것들을 상상했으리라. 그 고운 빛깔에 마음을 물들였으리라!

청중의 성화에 어쩔 수 없이 나도 무대로 나갔다. 자작시 〈신비하다〉를 낭송했다.

"자, 오늘 마련한 깜짝 미나리콜렉숀을 이제 끝내겠습니다. 아, 광고가 하나 있습니다. 이번 달부터 찾아가는 점포공연을 시작합니다. 첫 번째 장소는 목공소입니다. 나중에 날짜 공지할 테니 함께하실 분들은 오셔도 됩니다."

흑무의 말이 끝나자 하루가 일어섰다. 자신도 무대에 서겠다며.

"자, 이분은 김광석 노래만 30년 연구하신 분입니다. 노래를 청해 듣겠습니다."

흑무가 반주를 준비했다.

"김광석 노래 부르려니 부끄러워요. 언제쯤 이 부끄러움이 사라질까요? 나른한 오후, 부르겠습니다."

하루는 낯선 곡조의 노래를 불렀다. 그는 정말 잘 알려지지 않은 김광석 노래까지 꿰뚫고 있는 모양이었다. 자신이 좋아하는 가수의 노래를 수십 년 동안 탐구하는 열정이 내재되어 있는 그의 목소리는 마치 섬진강의 잔물결 같았다. 사람의 마음을 부드럽게 어루만졌다. 나중에 알고 보니 그는 '잼있는 커피 티읕'의 재미있는 모양의 가격표를 만든 주인공이기도 했다. 반달곰, 붕어빵, 고양이, 코끼리, 공룡, 커피포트, 핸드밀$^{Hand\ Mill}$(수동으로 원두를 분쇄하는 도구)······.

폭죽놀이처럼 환상적인 미나리콜렉션이 끝났을 때 내가 흑무에게 물었다.

"미나리콜렉숀 할 때 구경 오는 사람들이 진짜 미나리 들고 오나요?"

흑무가 웃으며 대답했다.

"그런 사람은 없어요. 제가 텔레비전도 안 보고······. 별다른 취미가 없어요. 그런데 저도 그렇고 모모도 그렇고 따로따로 직장인밴드를 오래 해서 악기는 잘 다뤄요. 모모는 기타랑 건반을 잘 다루고, 저는 기타랑 드럼을 잘 다루고요. 그런데 둘만 공연하면 재미가 없으니까 원하는 분한테 악기를 무료로 가르쳐 주고, 어느 정도 실력이 되면 함께 공연을 해요. 여기서 하는 공연은 오픈마이크 개념인데 좀 재미있게 하기 위해 '미나리콜렉숀'이라 이름 붙였어요. 그 시간에는 환각을 느낄 만큼 즐거웠으면 하는 바람을 담은 거라고나 할까요?"

"일종의 소문화운동이네요? 굉장히 중요하면서도 의미 있는 일이에

요. 그 일을 주도적으로 하는 분이 얼마나 되나요?"

"현재 연습실에 왔다 갔다 하면서 악기 연주하시는 분만 45명 정도예요. 그 중에 35명은 고정멤버고요. 거의 직장인이죠."

"나중에라도 서울 답답하시면 피난 오세요! 미나리콜렉숀에 오세요!"

마치 종달새처럼 손님들과 환담을 나누며 커피를 만들던 모모가 거들었다.

기꺼이 그러겠다는 대답을 해 놓고 나니 문득 언제가 될지 모르는 그 시간이 기다려졌다. 어떤 장기로 사람들과 웃음을 나눠야할지 행복한 고민이 되기 시작했다. 그러니 '잼있는 커피 티읕'에 쉽게 드나들 수 있는 사람들은 얼마나 행운일까? 모모의 표현처럼 함께 '쿵짝쿵짝하면서 웃을 수 있는' 축제의 시간을 고대할 수 있으니 말이다.

"여기 별명 적어 주세요! 가게 행사 있을 때 연락 드릴게요."

바$^{Bar}$에 앉은 손님에게 종이와 펜을 내밀며 하는 모모의 말에 나는 여기 와서 들은 이름들을 떠올렸다. 봉군, 당근, 하루, 나무산조, 창창, 모모, 흑무…….

"여기 오면 누구나 다 닉네임 정해서 사용해야 하나요?"

"아, 흑무와 모모는 '호$^{號}$'예요. 제가 도자기 만드는 일을 해요. 작업실이 지금은 화엄사 옆에 있지만 그 전에는 경기도에 있었어요. 그때 작업실에 자주 오시던 스님이 제 호를 작명해 주셨어요. 검을 흑, 춤출 무. 흑무. 호를 쓰는 생활을 하다 보니 행동이 새로운 이름에 걸맞게 바뀌더라고요. 사실 아내랑 저는 고향이 강원도예요. 연고는 없지만 따뜻한 곳 찾아 여기 내려왔을 때 새롭게 시작하자는 의미로 아내한테 제가 호를 지어줬어요. 아무 모, 무릅쓸 모. 모모. 뭐든지 개척해서 잘 살자는 의미를 담았죠."

모모와 흑무가 개척한 땅에서 핀 꽃들은 그 향기가 멀리 퍼져 나가고 있었다. 그뿐만이 아니라 그 꽃씨는 바람을 타고 멀리멀리 날아가서 다른 척박한 땅까지도 꽃밭으로 만들고 있었다. 모모와 흑무의 분신이 하나둘 생기는 세상은 분명히 다양한 빛깔이 넘치고, 향기가 넘치고, 음악이 넘치고, 웃음이 넘치리라!

"'잼있는 커피 티읕'은 누가 지었어요?"

"모모랑 둘이서 같이 정했어요. 사람들이 생각할 수 있는 상호는 다 생각해 봤었어요. 그런데 구례가 전통이 뿌리 깊은 시골이잖아요. 강한 이름이나 영어 이름은 안 될 거 같더라고요. 그래서 한국적인 이름을 지으려고 고민하다 보니 그 이름이 탄생한 겁니다."

흑무의 말을 들으며 나는 '잼있는 커피 티읕'으로 오던 길을 떠올렸다. 지도를 펼쳐 놓고 보니 구례는 88올림픽고속도로와 통영대전고속도로와 남해고속도로가 역 ㄴ자 모양으로 감싸 안는 곳에 있었다. 나는 여러 갈래의 길을 놓고 어느 길로 갈까 망설였다. 그러다 하동까지 간 뒤에 섬진강을 따라 나 있는 19번 국도를 따라 구례로 가는 길을 택했다.

섬진강, 화계장터, 쌍계사, 화엄사, 대하소설 《토지》의 무대가 된 평사리 악양뜰, 지리산을 곁에 두고 있는 그 길은 자자한 명성 그대로 수려했다. 이미 지나간 계절과 다가올 계절까지 미루어 짐작할 수 있게 했다.

섬진강이 내려다보이는 식당에 앉아 재첩무침에 지리산 머루주를 기울이지 않더라도 충분히 취하게 만들었다. 나는 창문을 열고 두 손으로 나팔을 만들어 햇살을 받아 은빛으로 반짝대는 섬진강을 불러보았다.

"섬진강!"

"섬진강!"

제 품에 어부가 탄 쪽배 여러 척을 띄운 섬진강은 푸른 미소로 화답해 주었다.

"정말 아름답다!"

탄성이 절로 나오는 섬진강을 돌아 구례읍내로 들어섰다. 그런데 너무나 작은 읍내라 이런 곳에 드립 커피 전문점이 있다는 사실이 믿기지 않을 정도였다.

'구례경찰서 바로 앞에 있어요.'

구례경찰서에 차를 세우고 모모의 말을 떠올리며 두리번거렸지만 '잼있는 커피 티읕'은 보이지 않았다. 나는 근무를 서는 경찰관에게 다가갔다.

"여기 '잼있는 커피 티읕' 어디 있어요?"

"저기요!"

경찰관이 내 등 뒤를 가리키며 말했다. 돌아서서 자세히 보니 2층에 미장원이 있는 건물 1층에 색깔이 화려하면서도 개성적인 정사각형의 간판이 붙어 있었다. 상단부의 유리가 스테인드글라스로 되어 있는 여닫이문을 중앙에 두고 드립포트 모양의 등이 걸려 있는 왼쪽은 로스팅 룸이고, 붕어빵 모양의 등이 걸려 있는 왼쪽은 붕어빵을 굽는 곳이었다. 문을 열고 들어가니 아기자기한 작은 공간에 사람이 바글거렸다.

나는 모모가 차갑게 만들어 준 르완다 커피를 마시며, 바에 앉은 사람들에게 물었다.

"어디서 오셨어요?"

"순천이요."

"여수요."

"광양이요."

"진주요."

즐겁게 커피를 마시며 수다를 떨던 그들은 모두 다른 도시에서 온 사람들이었다.

"그 멀리서 여기까지 왜 오시나요?"

"여기는 오랜 시간 있어도 편해서요."

"핸드밀로 커피 가는 게 경이로워서요."

"여기 문 열고 들어오는 순간 나는 커피 향이 너무 자극적이라 안 마실 수가 없어서요."

'잼있는 커피 티읕'에 오는 단골의 80%는 젊은 층이고, 외지 사람과 토박이가 반반이라고 한다. 평일 낮 손님은 주로 주변 산사의 스님들이란다.

"제가 지난해에 지리산 벽송사에 갔었어요. 주지스님이 차 한 잔 같이 하자고 해서 마주앉았었지요. 그런데 주지스님이 원두를 핸드밀로 갈아서 핸드드립을 해 주시더군요. 속으로 좀 놀랐어요. 스님이 그러시더군요. 요즘은 선방 스님들도 차보다는 커피를 선호한다고."

흑무와 이야기를 나누는 나에게 모모는 네팔 커피를 만들어 주었다. 진한 커피를 좋아하는 나에게 그녀는 25g의 원두를 갈아 한 잔의 커피를 만들어 주었다. 어떤 사람에게는 15g, 또 어떤 사람에게는 20g의 원두를 갈아 커피를 만들어 준다고 한다. 커피를 아예 못 마시는 사람에게는 이탈리아산 보리를 볶아 커피 맛을 낸 '오르조Orzo'를 추천한다고 했다.

모모는 언제나 핸드밀로 경쾌하게 커피를 간다. 화개에 사는 나무산조가 먹감나무를 이용해 양팔저울 모양으로 만들어 준 융드리퍼로 융드립을 한다. 커피잔 역시 흑무와 그의 친구들이 직접 구운 손잡이가 없는 도자기 잔을 쓴다. 에스프레소 역시 한국에서는 카페모카로 불리는 까페띠에라로 만든다. 이탈리아산 비알레띠 브리카로. 이렇듯 '잼있는 커피 티읕'에서 이루어지는 모든 것은 탈 기계적이다. 일회용품 또한 쓰지 않는다. 커피를 사 가지고 나가서 마시려는 사람을 위해서는 안쪽이 유리로 되어 있는 보온병이나 뚜껑이 있는 머그잔을 준비해 두고 있다.

"저의 컵을 인질로 잡으시면 안 됩니다. 편하실 때 갖다 주세요! 생일 축하해요!"

눈썰미가 뛰어난 모모는 가게를 드나드는 손님들에게 일일이 적절한 인사를 한다.

"오늘 날씨 좋은데, 마실 다니세요!"

"오늘 날씨 좋으니 섬진강 한 바퀴 돌고 가세요!"

"좋은 하루 되세요!"

모모는 커피를 주문 받을 때도 남다르다. 대부분의 손님들은 가게에 들어오자마자 그녀가 손수 그림을 그려 액자처럼 벽에 죽 걸어둔 메뉴판 앞으로 우르르 몰려간다. 그 메뉴판을 그림 감상하듯 오래 들여다 본 뒤에 마시고 싶은 커피를 고른다. 그러나 선뜻 커피를 고르지 못하고 바$^{Bar}$에 앉는 사람에게는 친절히 물어본다.

"남자처럼 강렬한 거 드릴까요? 부드러운 거 드릴까요?"

"가고 싶은 나라가 어디세요?"

모모가 커피를 만드는 뒤쪽 벽에 걸려 있는 다트판을 이용해서도 메뉴를 고를 수 있다. 모모가 공들여 색칠을 해서 만든 그 다트판에는 공정무역과 열대우림동맹을 통해 수입된 12가지의 커피 이름이 적혀 있다. 우간다 구무띤도, 페루 쿠스코, 네팔 굴미, 태국 도이창, 파푸아뉴기니 마라와카……. 그 사이에는 재미있는 글씨 꽝도 숨어 있다. 다트 핀을 던졌을 때 거기에 맞으면 돈만 내고 커피를 못 마시는 불운에 한바탕 웃게 될 것이다.

"이 멕시코커피는 치아파스 산입니다. 멕시코산 커피에는 알투라라는 말이 많이 붙는데요. 스페인어로 알투라는 고산지대를 뜻합니다. 그러니까 알투라 커피는 고산지대 커피라 생각하시면 돼요. 보통 해발 1,700미터 이상에서 재배가 되는데요. 특히 치아파스 생두는 정글이라는 의미의 셀바 조합에 소속된 쏜뗄하 마을과 떼난고 마을 사람들이 유기농법으로 정성 들여 생산한 거랍니다. 맛이 괜찮을 지예요."

모모는 커피 한 잔을 손님에게 내어 줄 때마다 그 커피에 대해 상세히 설명을 해 준다. 마치 살아 있는 커피백과사전 같은 그녀는 하루에 네

번 정도 커피를 볶는다. 일본 유니온 사에서 만든 샘플 로스터를 쓴다. 그녀는 500g의 생두를 그 기계에 넣고 빠르게 돌린다. 그녀가 일명 통돌이로 불리는 로스터를 돌릴 때 나는 소리를 들으니 마치 시골의 작은 철공소에 와 있는 것만 같았다.

"제가 영국의 명작 드라마 〈닥터 후〉 폐인이에요. 커피 볶을 때 나는 이 소리가 〈닥터 후〉에 나오는 시간우주선 타디스가 움직일 때 나는 소리 같아서 정말 신나요."

커피를 볶으면서도 모모는 가게로 들어오는 손님을 큰 소리로 반긴다.

"커피 볶아서 시간 조금 걸려요!"

모모와 흑무가 두 달에 걸쳐 알록달록 꾸며 놓은 '잼있는 커피 티읕'은 손님으로 가서 한두 시간 머물러도 행복하고, 모모처럼 열 시간을 머물러도 행복하다.

'첫눈 오는 날/ 처음 들어오는/ 미혼 여성분께/ 커피 한 잔 드려요/ 옆집 행님'

커피를 선물하고 싶은 사람을 정해 메모를 남기는 일도 행복하고, 오래된 스피커에서 흘러나오는 레코드판의 선율을 듣는 일도 감미롭고, 구례에서 생산되는 우리밀과 녹차를 반죽해서 구운 붕어빵을 먹을 때를 기다리는 것도 달콤하다. 그래서 가게가 문을 닫는 월요일과 화요일이 미워질 정도다.

새로운 인연을 만나 삶의 새 장을 열 수도 있는 딱 열 평인 그 공간으로 가는 길은 여러 갈래다. 다, 멋지다!

봉인된 영혼을 깨우는 커피가 기다린다

# 커피포트
Coffeepot

경상남도 진주시 망경동 109-40 | 강선녀, 구채민 | 055 763 1610

순수하다는 건,
무한한 가능성이 남아 있다는 것

　　소마미술관에서 열린 요셉 보이스의 '멀티플$^{The}$ $_{Multiples}$'을 보러 갔다. 미의 가치를 뒤엎어 그 개념을 확장시키는 그의 작품들 중 나를 빙긋 웃게 만들며 그 앞에 더 오래 머물게 한 것은 액자 속에 든 동독의 망치다. 요셉 보이스에게 선택된 그 순간, 자신에게 부여된 일상적 가치 대신 미학적 가치를 획득한 그 망치는 내게 조각가 강선녀 씨를 떠오르게 했다. 뻐꾸기가 울어대고 주황색 석류꽃이 피는 계절에 선녀 씨의 작업 공간이자 전시공간이기도 한 카페 '커피포트$^{Coffeepot}$'를 찾아 갔을 때였다. 망치와 끌과 펜치와 톱과 가위와 같은 공구들이 세룰리안블루와 주황이 마주 보고 서 있는 푸른 바다 속을 헤엄쳐 다니고 있었다. 외할머니나 어머니, 할아버지나 아버지, 혹은 내가 현재 쓰고 있는 그 도구들이 그 공간에서는 실용의 이미지를 벗고 장식의 이미지를 입고 있었다.

"문득 그런 생각을 했어요. 손으로 작업하는 도구들이 제 작업실에도 굴러다니는 걸 보면서요. 어릴 때부터 본 톱, 망치, 펜치 같은 것이 왜 안 바뀌었을까? 손으로 쓰는 도구들은 왜 잘 안 바뀔까? 그것이 여자가 사용하는 도구였어도 그 모양 그 꼴이었을까? 아니다. 시각적인 즐거움을 주는 것으로 바뀌었을 것이다. 작업 도구 하나하나에도 개별성이 있고, 정체성이 있다는 생각을 했어요. 그래서 그 도구의 주성분인 쇠와 반대되는 성질을 가졌으면서 여자들이 주로 쓰는 실이나 천을 그 도구에 감음으로써 그 도구에 대한 해석을 달리한 것이죠."

선녀 씨의 그 작품을 보고 60대의 한 손님은 '그거 위험한 거 아니냐? 흉기로 돌변할 수 있겠다. 떼라!'라고 했다 한다. 관중의 그런 몰이해까지도 그 설치작품의 연장선상으로 보는 선녀 씨의 열린 작품 세계를 커피 한 잔과 함께 감상할 수 있는 행운을 누릴 수 있는 곳이 바로 '커피포트'다.

그곳에 가면 가장 먼저 눈길을 끄는 것은 건물 외관을 장식하고 있는 여러 마리의 물고기다. 물론 외벽의 색채도 눈길을 끌고, 출입문 왼쪽에 설치되어 있는 등받이가 멋있는 의자도 눈길을 끈다. 그것들은 자연스럽게 더 경이로운 세계로 가는 통로가 된다.

그 공간의 문을 열고 들어갔을 때 가장 눈에 띈 것은 선인장과 물고기였다.

"선인장과 물고기가 작품의 테마였어요. 그것이 콘셉트여서 물고기를 많이 매달았다가 몇 개 떼어냈어요. 물이 있어야 살 수 있는 것과 물이 많이 없어도 살 수 있는 것을 주제로 작업했었어요. 선인장은 나 자신에게 더 가깝고, 물고기는 나 자신에게 없는 것, 내가 갈망하는 것에 더 가깝다고 볼 수 있지요."

미술학도들이 선호하지는 않는 인도로 가서 수행에 가까운 시간을 보내고 온 선녀 씨가 아직도 갈망하는 것은 불모의 세계에 생명을 움트게 하는 것일까?

그 경이로운 작업을 쉴 새 없이 펼치는 선녀 씨와 '커피포트'를 같이 꾸려나가는 사람은 음악가이자 철 작업을 하는 사람이기도 하고, 때로는 자신이 음악을 담당하는 연극에 배우로도 출연하는 구채민 씨다.

"여기에 커피집을 내야겠다고 생각한 건 길 건너편 광장 때문이에요. 그 공간에서 공연을 하고 싶어서 이곳을 얻었어요. 음악, 연극, 무용하는 사람들을 한 공간에서 만나 소통하고……. 동행하는 이 느낌이 좋아요."

채민 씨는 매주 금요일마다 '커피포트'에서 기타 연주회를 연다. 그러고 매주 토요일에는 그 카페의 건너편의 광장에 나가서 통기타를 치며 노래를 부른다.

"여기 공연은 홍보를 따로 안 하니까 공연 시간 정하는 게 애매해요. 저녁 7시 30분에서 8시 30분이라고 못 박아서 정해둔 시간은 아니고 그쯤에 해요. 두 명이나 세 명이 오후 3시부터 모여 준비해서 사람이 적당히 모이는 해질 무렵에 공연을 시작해요. 특별 게스트가 있으면 미리 홍보하는 경우도 있고요."

일주일에 두 번씩이나 정해진 시간에 공연을 하는 일은 결코 쉽지

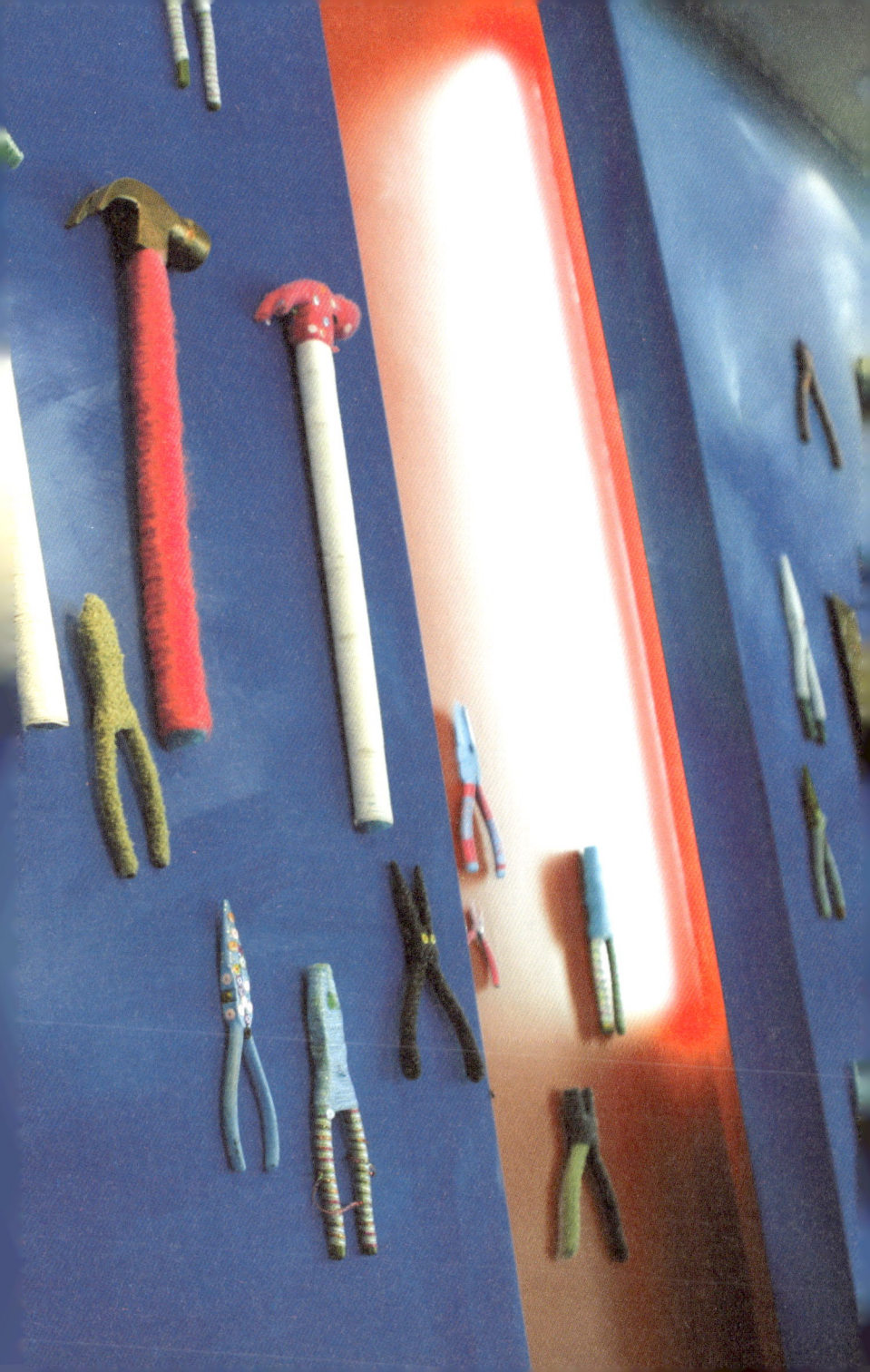

않다. 그러나 멈추지 않는 채민 씨의 공연 작업은 광장의 풍경을 바꾸어 놓았다.

평양의 부벽루, 밀양의 영남루와 함께 국내 삼대 명루로 손꼽히는 누각인 촉석루의 그림자를 안은 채 호수처럼 잔잔히 흐르는 남강의 둔덕에 자리 잡은 그 광장은 사실 사람들이 즐겨 찾는 휴식 공간은 아니었다. 시에서 막대한 공사비를 들여 예쁘게 가꾸어 놓기는 했지만 대부분 그 공간을 그냥 지나치기만 했다. 낮술을 마시고 싸움을 벌이는 사람들만 심심찮게 볼 수 있었다. 그런 공간에서 구채민 씨가 공연을 시작한 초기에는 마이크를 빼앗으며 행패를 부리는 사람까지 있었다. 그러나 이제는 그런 어르신들까지도 편안한 모습으로 앉아 공연을 고대한다.

채민 씨가 자신이나 타인과 소통하기 위해 시작한 공연은 이제 그 동네의 축제가 되었다. 공연을 할 때가 되면 어르신들뿐만 아니라 동네의 청년들이 다 찾아온다. 길을 가던 사람들도 다시 돌아와 공연을 즐긴다. 그렇게 '커피포트'는 채민 씨가 바라던 것을 충분히 충족시키는 지점에 위치하고 있다.

진주성이 건너 보이는 광장에 마음이 더 가 있던 채민 씨는 '커피포트'의 공간을 얻은 뒤에 그곳의 작명을 선녀 씨에게 미뤘다.

"이름이라는 게 공간을 가진 사람의 성향, 철학이 드러나는 것이라고 민했어요. 밤에 집에 가서 애니 푸르의 《브로크백 마운틴 Brokeback Mountain》이란 책을 보는데, 어느 구절에 나오는 산 이름이 '커피포트'더라고요. 산, 서부, 동물이 배경이 되는 황량한 곳인데도 '커피포트'라는

산은 성향 자체로 자연스러운 느낌을 주었어요. 그래서 그걸 상호로 쓰고 싶었어요. '커피주전자'보다는 '커피포트'가 입에 붙지 않을까 싶어서……."

'커피포트'는 그렇게 영감이 뛰어난 두 명의 예술가에 의해 탄생했다.

선녀 씨와 채민 씨가 모두 창조적인 작업을 하는 사람들이다 보니 오전 10시에 문을 열고 밤 11시에 문을 닫는 '커피포트'에는 시간대별로 커피를 내리는 사람이 다르다. 그래서 그곳의 출입문을 열고 들어가면 왼쪽에 요일이나 시간대별로 그 공간을 책임지는 매니저 명단이 적혀 있다. 처음에는 어색해 하던 사람들도 이제는 시간대별로 다른 매니저가 내리는 커피에 익숙해져 있다.

'커피포트'의 매니저들에게 그 공간에서 발생하는 수익을 투명하게 공개하며 나눌 수 있는 것을 더 많이 나누려고 고민하는 선녀 씨는 '커피포트'가 누구든 와서 '놀 수 있는 곳, 스트레스를 풀 수 있는 곳, 사람을 만날 수 있는 곳'이 되기를 바란다.

채민 씨는 '커피포트'가 어떤 공간이 되기를 희망할까?

"여기서 마시는 커피가 사람들에게 쉼표가 되었으면 좋겠어요. 맛이라는 것은 개별적이잖아요. 맛있다, 진하다, 연하다. '신맛 나는 커피 싫어요, 구수한 맛이 좋아요.' 그런 말 들으면서 '맛이란 뭘까?' 생각해 보니 '잠깐 멈춤, 잠깐 쉼이 커피 맛이 아닐까?' 하는 생각이 들었어요."

걷다가 혹은 달리다가 문득 멈춰 서고 싶을 때, 숨고르기를 하고 싶을 때, 자신의 삶을 돌아보고 싶을 때, 그때 바로 '커피포트'의 문을 열면 된다. 그곳에 머무는 동안 뭐든 얻게 될 테니까 말이다.

채민 씨는 어렸을 때부터 모든 장난감을 만들어 쓰기를 좋아했다. 그러다보니 목공을 잘하게 되었고, 쇠를 다루려다 보니 용접까지 하게 되었다. 그러나 색깔에 대한 막연한 두려움은 어쩔 수 없었다. 후배 예술가인 선녀 씨를 만나기 전에는. '커피포트'는 그렇게 동시대를 살아가는 예술가들끼리 교감하며 열정을 나눌 수 있는 곳이기도 하다.

채민 씨는 '커피포트'를 두고 한 단어로 정의할 수는 없다고 말한다.

"누구든 혼자 와서도 충분히 시간을 잘 보낼 수 있는 곳이면 좋겠어요. 윈도우 바를 만들어서 밖을 보고 앉을 수 있게 의자를 놓은 것도 그런 이유 때문이에요. 혼자 와서 일도 하고 가고, 혼자 와서 쉬고 가기도 하고……."

혼자 가서 어느 자리에 있든 내 작업실처럼 편히 있을 수 있는 곳이 바로 '커피포트'다. 개방형 작업실을 원하는 사람은 그곳으로 가면 된다.

서로 다른 색을 입은 탁자들, 서로 다른 모양의 의자들. 주방 옆의 빨강색 문을 열고 나가면 기다리고 있는 흡연 공간의 재떨이를 올려놓은 대, 기린이 먼저 인사하는 메뉴판, 티스푼이나 수저 등을 보관하는 통, 100g씩 담은 원두를 매단 고리들, 화장실 가는 통로에 있는 화분을 담는 통, 경비를 절감하려고 천을 기워서 쓰는 여러 개의 드리퍼, 꽃이나 물고기나 선인장이나 화분이 있거나 없는 색색의 나무 쟁반들…….

탐이 나는 그 소도구들을 보며 고개를 갸웃거려 보아도 좋을 것이나.

'저건 선녀 씨 작품일까?'

'커피는 알아가는 그 무엇'이라고 말하는 채민 씨는
매일매일 다른 맛을 느낄 수 있는 커피를 좋아한다.
늘 새롭고, 무한한 것이 숨겨져 있어서 좋다고 한다.

'저건 채민 씨 작품일까?'

'저건 또 누구의 작품일까?'

그 카페에는 늘 그대로인 것도 있으나 수시로 바뀌는 것도 있다.

그 카페에서는 매니저가 있는 시간대에 따라 음악이 바뀐다. 매니저의 연령대가 서로 다르다 보니 그들이 추천하는 음악 또한 다양해서 귀가 즐겁다.

그곳에 전시되는 작품 또한 달라진다. 조각뿐 아니라 회화나 한국화나 사진이 전시되기도 한다. 그곳을 찾는 사람들은 그런 작업마저도 인테리어라고 생각해서 작품이 바뀌었다고 정색을 하지는 않는다. '커피포트'를 찾는 사람들은 어느새 그곳의 다양성을 향유할 줄 알게 된 것이다.

'커피포트'에서는 마시는 커피마저도 계절별로 다양하게 선택할 수 있다. 그곳에서는 계절이 지나갈 때마다 사람들이 즐겨 찾지 않는 커피는 자연스럽게 볶지 않는다. 그 시점이 되면 사람들이 자연스럽게 찾게 되는 커피만을 볶는다.

" '커피포트'의 원동력은 프라이팬이다."

그곳에 동행했던 친구가 내게 한 말이다. 나는 꽤나 상징적인 그 말에 고개를 끄덕였다. 육신의 허기를 채우는 요리를 하는 데 쓰이는 도구를 이용해 볶은 커피가 '커피포트'를 찾는 사람들 영혼의 허기를 채워 주니까 말이나.

'커피포트'의 두 주인장은 휴대용 가스레인지 위에 프라이팬이나 곰국을 끓이는 솥을 올려놓고 커피를 볶는다.

면장갑을 낀 양손으로 커피를 볶을 때 구채민 씨는 프라이팬이나 솥을 들어주는 각도로 화력을 조절한다. 생두를 주걱으로 저어 주는 빠르기를 통해서는 온도를 조절한다.

점점 뜨거워지는 프라이팬이나 솥에서 생두는 몸의 색깔부터 달라진다. 처음에는 낯선 틈입자의 손길을 거부하느라 온몸이 하얗게 질린다. 그러나 결코 식지 않는 그 뜨거움에 결국 몸을 온전히 내맡긴다. 하얀 속살을 벗는다. 너무 가까워도 안 돼. 너무 뜨거워도 안 돼. 너무 빨라도 안 돼. 너무 느려도 안 돼. 부드럽게 다뤄 줘. 내가 느낄 만큼……. 불길에 충분히 달구어진 생두는 그 때부터 아름다운 색계를 보여 준다. 변화무쌍한 색계. 까다롭고 예민하게 굴던 생두는 어느새 온몸으로 말하기 시작한다. 그 소리는 서서히 격렬해진다.

"소리, 예쁘죠?"

채민 씨가 말한다. 그의 왼손에는 커피가 벗어던진 속옷이 겹겹이 쌓여 있다.

선녀 씨는 대구에서 다양한 로스터로 로스팅하는 법을 배운 적이 있다. 그래도 그녀는 팬으로 하는 로스팅을 선호한다. 도구가 단순한 대신 힘이 들기는 하지만, 그 방식으로 커피를 볶을 때 커피와 더 가까운 대화를 할 수 있기 때문이다. 생두 알갱이 하나하나와 대화를 나누다 보면 어느새 커피는 충분히 맛이 들어 있다.

선녀 씨나 채민 씨는 시간이 여유가 있거나 심리적으로 느긋할 때 커피를 볶는다. 그럴 때 커피가 더 잘 볶이기 때문이다. 그러나 마음이 바쁠 때나 심리적으로 안 좋을 때는 커피를 볶지 않는다. 그럴 때는 커피가 잘 볶이지 않기 때문이다. 그렇게 볶는 사람의 마음까지도 고스란히 빼닮는 것이 바로 영물인 커피다.

'커피는 알아가는 그 무엇'이라고 말하는 채민 씨는 매일매일 다른 맛을 느낄 수 있는 커피를 좋아한다. 늘 새롭고, 무한한 것이 숨겨져 있어서 좋다고 한다.

그런 채민 씨와 선녀 씨는 서로 살아가는 방식이 다르듯이 커피를 볶는 방식도 다르다. 그들이 내리는 커피의 맛도 다르다. 그러나 그들은 그 다름에 서로 경외심을 갖는다. 안주를 위해 동질감이 필요하다면 질주를 위해서는 이질감이 필요하니까 말이다.

사고하기를 싫어하는 사람은 지구를 떠나거라. Wer nicht denken will, flieght raus.

요셉보이스의 말을 떠올리는 순간 나는 다시 '커피포트'의 문을 열고 싶어졌다.

커피 마시기를 거부하는 사람은 커피포트를 떠나거라.

When you are leaving to take a cup of coffee, yes······.

"가자, 가자, 감나무"
할머니 손잡고
외갓집 가자

카피라이트

1판 1쇄 발행 2014년 2월 20일
1판 3쇄 발행 2014년 5월 27일

글 양진희
사진 엔조이

발행인 양원석
총편집인 이헌상
편집장 김건희
책임편집 송명주
전산편집 김미선
해외저작권 황지영, 지소연
제작 문태일, 김수진
영업마케팅 김경만, 정재만, 곽희은, 임충진, 장현기, 송기현
우지연, 임우열, 정미진, 윤선미, 이선미, 최경민

펴낸곳 (주)알에이치코리아
주소 서울특별시 금천구 가산디지털2로 53, 20층 (가산동, 한라시그마밸리)
편집문의 02-6443-8857 구입문의 02-6443-8838
홈페이지 http://rhk.co.kr
등록 2004년 1월 15일 제2-3726호

ISBN 978-89-255-4676-6 (13590)

※ 이 책은 (주)알에이치코리아가 저작권자와의 계약에 따라 발행한 것이므로
본사의 서면 허락 없이는 어떠한 형태나 수단으로도 이 책의 내용을 이용하지 못합니다.
※ 잘못된 책은 구입하신 서점에서 바꾸어 드립니다.
※ 책값은 뒤표지에 있습니다.

**RHK** 는 랜덤하우스코리아의 새 이름입니다.